贵州省知识产权战略研究项目(黔知战略〔2022〕10)资助

贵州省教育厅"百校千企科技攻关揭榜挂帅"项目(〔2024〕013)资助

中央引导地方科技发展资金项目(黔科合中引地〔2024〕039)资助

贵州省煤炭行业知识产权
战略发展报告(2022)

郑西贵　　岳　虎　　孙光裕　主编

中国矿业大学出版社

·徐州·

内 容 提 要

本书对 2022 年贵州省煤炭行业专利的申请情况、授权情况等做了全面分析,对贵州省煤炭行业专利重点创新主体做了深入分析,全面整理和分析了贵州省中国专利奖的获奖情况,提出了贵州省煤炭行业知识产权发展瓶颈及对策措施。

本书可用于贵州省煤炭行业主管部门、知识产权主管部门和科技主管部门了解贵州省煤炭行业知识产权发展情况。

图书在版编目(C I P)数据

贵州省煤炭行业知识产权战略发展报告. 2022 / 郑西贵,岳虎,孙光裕主编. — 徐州:中国矿业大学出版社,2024.11. — ISBN 978 - 7 - 5646 - 6578 - 4

Ⅰ. D927.730.340.4

中国国家版本馆 CIP 数据核字第 2024E28N83 号

书 名	贵州省煤炭行业知识产权战略发展报告(2022)
主 编	郑西贵 岳 虎 孙光裕
责任编辑	于世连
责任校对	李春宏
出版发行	中国矿业大学出版社有限责任公司
	(江苏省徐州市解放南路 邮编 221008)
营销热线	(0516)83885370 83884103
出版服务	(0516)83995789 83884920
网 址	http://www.cumtp.com E-mail:cumtpvip@cumtp.com
印 刷	徐州中矿大印发科技有限公司
开 本	787 mm×1092 mm 1/16 **印张** 7.75 **字数** 210 千字
版次印次	2024 年 11 月第 1 版 2024 年 11 月第 1 次印刷
定 价	28.00 元

(图书出现印装质量问题,本社负责调换)

本书编委名单

主　　审：张铁岗

主　　编：郑西贵　岳　虎　孙光裕

副 主 编：艾德春　周　明　向　立　严　凯

　　　　　唐老四　雷以柱　邱洪登　李　涛

　　　　　侯汶江

编　　委：(按姓名拼音排序)

　　　　　陈善乐　崔道品　董万伟　高　林

　　　　　谷　博　孔德顺　赖国伟　李　可

　　　　　李海军　连明磊　刘建刚　马振乾

　　　　　聂子淇　秦小卫　任　韵　任泽辉

　　　　　王超群　王立威　王市委　武瑞龙

　　　　　席芸芸　辛　维　许国胜　杨付领

　　　　　杨军伟　张谌虎　张　鹏　周　杰

　　　　　周黎亚　周小桃　朱国艳　朱雪琼

　　　　　Niaz Muhammad Shahani

前　言

　　煤炭产业是贵州省核心支柱产业之一。贵州省保有煤炭储量约 800 亿吨,位居全国第五位。贵州省煤炭资源具有储量大、煤种全、煤质优等优势,这些优势使得贵州的煤炭产业快速发展。

　　当前,贵州省提出了"富矿精开"的高质量发展战略,在精查探矿、精准配矿、精深加工、精细开发上发力,更好把资源优势转化为产业优势、经济优势。传统的"老"行业也需要在科技赋能的推动下,发展"新质生产力",换发新生机。

　　知识产权本身就是一座"富矿"。充分发掘和释放知识产权的能量,是推动煤炭行业向"安全、高效、绿色、智能"发展的强劲动力和重要保障。研究贵州省煤炭行业知识产权的现状、发展、转化、瓶颈和对策是一项重要而紧迫的任务。

　　本书对 2022 年贵州省煤炭行业专利的申请情况、授权情况等做了全面分析,对贵州省煤炭行业专利重点创新主体做了深入分析,全面整理和分析了贵州省中国专利奖的获奖情况,提出了贵州省煤炭行业知识产权发展瓶颈及对策措施。

　　本书可用于贵州省煤炭行业主管部门、知识产权主管部门和科技主管部门了解贵州省煤炭行业知识产权发展情况。

　　本书得到了贵州省知识产权战略研究项目(黔知战略〔2022〕10)、贵州省教育厅"百校千企科技攻关揭榜挂帅"项目(〔2024〕013)、中央引导地方科技发展资金项目(黔科合中引地〔2024〕039)的资助在此深表感谢!

　　由于作者水平有限,书中难免存在疏漏和不足之处,请读者批评指正。

目　　录

知识产权制度体系对于构建、推动国家经济、科技乃至文化的发展具有重要作用。在我国煤炭行业，推进煤炭知识产权体系建设，形成一批具有自主知识产权的行业重大关键技术具有重要的意义和现实的迫切性。本章主要介绍了研究背景、研究意义、研究现状、研究内容、研究目标及技术路线等。

第 1 章　绪　　论

1.1　研究背景

1.1.1　知识产权对社会的影响力

《国务院关于新形势下加快知识产权强国建设的若干意见》于 2015 年 12 月发布。随着知识产权强国战略的推进与实施,知识产权制度体系的发展与显著作用愈加受到国家的热切关注,该体系对于构建、推动国家经济、科技乃至文化发展的重要性已然获得社会认同。

2019 年 11 月,中共中央办公厅、国务院办公厅联合印发《关于强化知识产权保护的意见》。由此可见,我国强化新时代知识产权保护工作的坚定决心。随着经济的发展和科技的进步,知识产权日益取代资源、资本、劳动力等要素,成为国家重要的战略资源。在数字网络空间的大背景下，知识产权具有无形性增强、专有性削弱、时间性缩短、地域性淡化等新特点，这使得知识产权治理面临巨大挑战。

2021 年 3 月，十三届全国人大四次会议表决通过《中华人民共和国国民经济和社会发展第十四个五年规划和二〇三五年远景目标纲要》。该文件明确指出实施知识产权强国战略，实行严格的知识产权保护制度，完善知识产权相关法律法规，加快新领域新业态知识产权立法等。

知识产权不再被定义为私人产权，其所能发挥作用的"触角"可以延伸至科技创新领域、国家治理领域等多元领域。

1.1.2　知识产权在煤炭行业的重要地位

2007 年 11 月，国家发展和改革委员会发布了《煤炭产业政策》（国家发展和改革委员会公告 2007 年第 80 号）。该公告明确提出：推进煤炭技术创新体系建设，建立健全以市场为导向、企业为主体、产学研相结合的煤炭技术创新机制，形成一批具有自主知识产权的行业重大关键技术。

受资源禀赋、技术经济发展水平等制约，未来相当长一段时期内，煤炭仍是我国的基础能源。近年来，煤炭资源的开发和利用在面临国内环境保护约束日益严格、国际碳减排压力逐渐加大等严峻形势下，我国煤炭工业科技创新能力持续提升，以企业为主体、市场为导向、产学研用紧密结合的煤炭科技创新体系基本建立，一批大型现代化煤炭企业形成。

煤炭企业是我国能源安全的基石。煤炭企业的快速发展客观上支撑了我国经济的快速发展,同时为社会创造了大量的就业岗位。随着信息技术的不断发展,推进煤矿智能化发展刻不容缓,煤炭企业转型发展迫在眉睫。如何由传统的粗放型发展变革为创新驱动型发展,实现煤炭行业的本质安全,成为煤炭企业面临的重要任务。

煤炭企业要实现创新驱动发展,必须进一步加大科技投入的力度,促进煤炭生产向机械化、信息化、智能化和绿色开采方向发展,而知识产权管理正是为了保障其科技投入的有效性和安全性。因此,煤炭企业加强知识产权的科学管理、强化科技创新与知识产权重大产出是非常必要的。

1.2 研 究 意 义

煤炭产业是贵州省的支柱产业之一,在贵州省经济结构中占据着重要地位,且短期内不会改变。知识产权是贵州煤炭行业安全生产的重要保证,也是煤炭行业在碳达峰碳中和目标下企业转型、高质量发展的促进剂和转化剂。当前,贵州煤炭行业的热点和焦点分别是智能采掘和绿色低碳开采等。贵州省部分知识产权成果已经领先全国。然而,成熟知识产权的转化程度不够等造成的煤矿顶板事故成为煤矿安全生产的痛点,给人民生命财产和贵州安全生产形象带来严重影响。

为深入落实《国务院关于新形势下加快知识产权强国建设的若干意见》等知识产权强国战略,深入研究贵州煤炭行业在智能采掘、绿色低碳开采和顶板安全三大领域方面,对知识产权如何"创造、运用、保护、管理和服务",不仅是贵州知识产权局"十四五"期间的工作重点,也能够在碳达峰碳中和目标下为贵州省煤炭行业知识产权发展提供科学决策。

1.3 研 究 现 状

1.3.1 国内研究现状

和国外比较,我国对知识产权管理的研究起步较晚。为了重视和保护作为国民经济支柱型产业的煤炭行业的知识产权,国内许多学者开展了诸多相关研究。

陈子璇[1]基于专利信息对中国煤制甲醇技术发展态势、国际煤制甲醇专利热点技术领域以及煤制甲醇专利权人指数进行研究和分析,以期为我国煤制甲醇技术的发展提供有针对性的对策及建议。

唐宏青[2]针对曾轰动行业的煤气化知识产权侵权案件提出:知识产权侵权现象贯穿于我国现代煤化工行业的发展过程中,并提出希望政府和法律界尽快启动化工知识产权专项工作。

赵文[3]在对知识产权管理相关理论和风险控制理论进行学习研究的基础上,着重对某企业知识产权风险控制管理的现状和问题进行了深入的探讨和分析,就如何提高某企业知识产权风险控制能力、提升知识产权风险控制管理水平,提出了具有针对性、科学性的适合某企业发展现状的知识产权风险控制对策和建议。

徐柳[4]根据煤化工企业的现状和发展趋势,从构建知识产权管理组织机构、完善知识产权管理制度、建立知识产权战略体系、宣贯企业知识产权文化等四个方面阐述了构建知识产权管理体系的方法。

王昊[5]分析了煤炭企业知识产权管理现状和存在的问题,并在此基础上,提出了对煤炭企业知识产权管理的对策,以提升煤炭企业知识产权管理效能。

代蒲丽[6]从煤炭资源价格波动、对外开放水平、产权制度、知识产权保护水平和生态环境五个方面出发,以山西、内蒙古、陕西、宁夏、贵州、安徽六个煤炭资源型省(自治区)为主要研究对象,运用主成分分析方法对煤炭资源型区域创新能力进行评价。

蒋珏超等[7]以产业转型升级中的江苏煤炭地质局为例,基于知识产权力量和人才队伍的现状分析,探讨地勘企业知识产权人才队伍的发展模式。

王一羲等[8]以当前煤炭企业知识产权保护问题与现状,引出煤炭企业降低知识产权侵权风险路径并从"法律保护模式"和"商标法保护模式"的角度提出知识产权法律保护新思路。

孙桂敏等[9]根据煤炭行业的特点,针对管理部门、科研院所、企业、行业协会的不同特点和需要,研究构建适合我国煤炭行业的立体的知识产权培训体系和培训机制。

赵新[10]针对煤炭企业知识产权管理存在问题和影响因素进

行分析,提出一些相应的有针对性和可操作性的对策,通过强化知识产权管理,从而推进煤炭企业知识产权管理的进程。

孙翔[11]简要描述知识产权战略的作用并浅谈煤炭企业建立知识产权战略的意义。

王鑫[12]介绍了近几年煤炭企业在自主创新、知识产权方面取得的成效,分析了煤炭企业存在的知识产权管理"代管"、知识产权开发被动、知识产权产业化困难等问题,提出了强化知识产权开发动力、化被动为主动地开发知识产权等对策。

时均通[13]阐述了当前我国煤炭企业知识产权保护现状、存在问题并提出了相应的应对建议。

关于煤炭行业知识产权的国内研究大多仅为管理实践的经验之谈。针对"双碳"目标下贵州省煤炭行业知识产权发展瓶颈及对策的系统研究较少。

尽管煤炭企业近年来在知识产权保护方面取得了一定进展,但整体知识产权保护意识仍然薄弱。部分企业对知识产权保护的重要性认识不足,导致其科研成果未能及时申请专利,造成知识产权流失。

1.3.2 国外研究现状

随着国际贸易不断增加,知识产权的跨国保护和管理变得越来越重要。许多国家都在加强知识产权法律和政策的制定和实施,以保护本国的知识产权并促进创新。跨国公司也在全球范围内加强知识产权布局,以保护自身的利益并获得更多的收益。

发达国家的企业通常非常重视知识产权管理,在十几年的发展中累积了很多成功有效的经验。国外许多学者主要从以下三个方面来研究知识产权管理。

1.3.2.1 企业知识产权管理模式研究

企业知识产权管理的模式通常由知识产权管理部门的下属机构确定。由于企业关于知识产权的所有事务都是由知识产权管理部门协调的,因此从研究开始到申请保护、评估和授权、转让、技术转让许可,都是通过知识产权管理部门实施的。

Korn 和 Meyer[14]阐述了 IBM 在美国实施的集中管理模型。集中管理模型的特征是每个分支机构的运作均按照总部的统一要求进行,以最大限度地保护总公司的利益。

Janis 和 Kesan[15]在日本东芝公司的案例中分析了分散管理模型。分散管理模型的特征是完全授权公司的每个分支机构进行知识产权管理,并且每个分支机构都有权做出知识产权申请决策。日本东芝公司的专利管理系统是结合市场前景、计划、研发、评估、生产和销售、独立使用和技术转让等多个方面建立的。

Gogtay、Dalvi 和 Kshirsagar[16]是第一批促进分类管理的人。分类管理知识产权,不仅能够有效地避免重复开发的现象,而且可以很好地利用各种产品激发生产企业的研发热情。

1.3.2.2 知识产权创新人才培养措施研究

Edelman[17]指出,美国公司通过行业、大学和研究机构培养了一流的创新型人才,并取得了显著成果。

Robert Cooper[18]经过研究发现:大学周围的高科技公司和

高科技工业园区(例如纽约的"科技谷"),为周围大学的研究人员和学生提供了直接参与生产实践的平台。

根据 Joe Tidd 的研究,当研究项目由大学和企业共同承担或由企业单独承担时,研究得到的成果通常由企业直接应用。

Ansoff 提出,企业应在培养创新型人才的过程中设立企业奖学金,以吸引优秀的大学生和社会青年能够积极地参与技术创新。

1.3.2.3 企业知识产权管理策略经验研究

Ufuk 认为,企业知识产权管理战略是使用专利来对技术市场进行垄断的,使企业的产品在国内外市场上具有竞争力,从而提升企业在国际市场上的市场份额。

Kaccsik 建议,加强对企业技术创新成果的监控,及时对技术创新成果申请专利,利用专利保护机制防止专利侵权,以有效维护企业合法权利;建立技术创新成果监督管理体系,让商业秘密得到保护[19]。

Daron 认为,面对竞争的企业的优势应该是为技术创新者提供知识产权保护并应对企业知识产权保护机制的实施部门和人员进行明确的安排。

Emilie Pauline[20]认为,应该选择知识产权保护。知识产权保护的范围包括专利、商标、版权、商业秘密等。

1.4　研究内容、研究目标及技术路线

1.4.1　研究内容

紧扣当前煤炭行业智能采掘、绿色低碳发展之路,探讨如何闯新路,形成高质量知识产权研究报告,为打造平安贵州和促进煤炭行业高质量发展提供经验借鉴。

1.4.2　研究目标

研究目标主要包括:

① 研究贵州省煤炭行业在智能采掘、绿色低碳开采和顶板安全等领域存在的知识产权保护及转化问题,并提出切实可行的对策措施。

② 重点分析煤炭企业在知识产权转化应用中积极性不够、保护意识不强等问题,提出建立煤炭企业知识产权转化及分配激励机制。

1.4.3　技术路线

技术路线如图 1-1 所示。

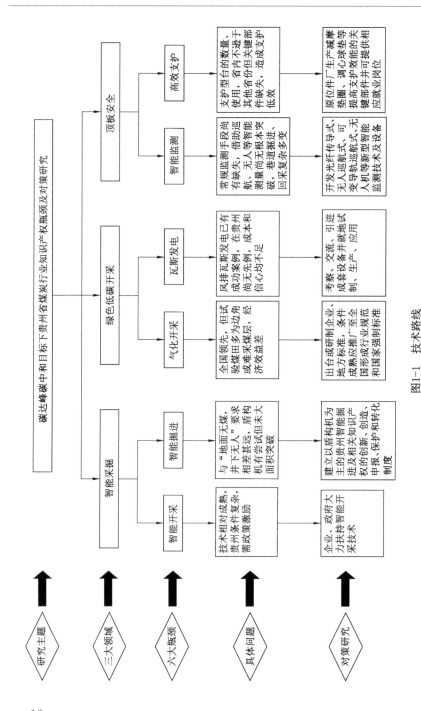

图1-1 技术路线

专利是指一项发明创造，在一定期限内通过法律程序被授予的独占权和排他权。对于许多企业和个人来说，专利是保护其创新成果的重要法律保障。本章主要分析了全国及贵州省碳达峰碳中和专利情况、全国及贵州省煤炭行业专利情况等。

第2章　全国及贵州省专利全景分析

专利是受保护的发明创造,是法律赋予专利权人在一定期限和一定区域内保护其发明创造的权利。专利具有时间性、地域性、无体性、专有性等特征。专利分为发明、实用新型、外观设计三种类型。① 发明是指对产品、方法或者其改进所提出的新的技术方案。② 实用新型是指对产品的形状、构造或者其结合所提出的适于实用的新的技术方案。③ 外观设计是指对产品的形状、图案或者其结合以及色彩与形状、图案的结合所做出的富有美感并适于工业应用的新设计。专利具有保护创新、提升竞争力、创造经济价值、推动科技进步等重要作用。

专利数据统计截至申请日为 2023 年 09 月 05 日。全国 2022 年申请专利 4 412 162 件,其中煤炭行业申请专利 24 590 件(占比 0.56%);贵州省申请专利 30 820 件,其中煤炭行业申请专利 540 件(占比 1.75%);贵州省煤炭行业申请专利占比高出全国的 1.19 个百分点。全国 2022 年授权专利 4 323 652 件,其中煤炭行业授权专利 20 720 件(占比 0.48%);贵州省授权专利 29 467 件,其中煤炭行业授权专利 466 件(占比 1.58%);贵州省煤炭行业授权专利占比高出全国的 1.10 个百分点。贵州省煤炭产业是其主要支柱产业之一。煤炭产业在贵州省经济结构中的占比较大,因而贵州省煤炭行业专利的申请数量和授权数量占全省专利的申请数量和授权数量的比值均高于全国的。

2022 年,全国产煤 45.6 亿 t;贵州省产煤 1.28 亿 t,位列全国第五位,占比 2.81%。2022 年,全国煤炭行业申请专利 24 590 件;贵州省煤炭行业申请专利 540 件,占比 2.20%。2022 年,全国煤炭行业授权专利 20 720 件;贵州省煤炭行业授权专利 466 件,占比 2.25%。贵州省煤炭行业专利申请和授权的数量在全国煤炭行业专利申请和授权的数量的占比分别低于其煤炭产量在全国煤炭产量的占比 0.61 个百分点和 0.56 个百分点。据此可初步认为,贵州省煤炭行业专利发展水平还没有达到应有的高度,应采取有效措施促进贵州省煤炭行业专利发展。

2.1 全国及贵州省碳达峰碳中和相关专利分析

中国力争 2030 年前二氧化碳排放达到峰值,努力争取 2060 年前实现碳中和目标。

碳达峰碳中和战略倡导绿色、环保、低碳的生活方式。加快降低碳排放量步伐,有利于引导绿色技术创新,提高产业和经济的全球竞争力。中国持续推进产业结构和能源结构调整,大力发展可再生能源,在沙漠、戈壁、荒漠地区加快规划和建设大型风电光伏基地项目,努力兼顾经济发展和绿色转型同步进行。

在碳达峰碳中和目标背景下,能源转型是关键任务,是核心工作。中国必须谋划好能源发展战略,加快能源转型。其中把握能源转型的节奏至关重要。

在能源转型过程中,确保国家能源安全是基础。中国需要在多目标中寻求最优解,确保能源行业绿色低碳发展,确保能源转型能够行稳致远,坚决避免出现大起大落。

新能源与传统能源融合发展的主要目的是提升能源转型质量,缩短能源转型时间,促进区域能源协调发展,促进化石能源之间、新能源之间、化石能源与新能源之间的最佳组合,寻求能源"不可能三角"最优解。

2021 年 5 月 26 日,碳达峰碳中和工作领导小组第一次全体会议在北京召开。

2021 年 10 月 24 日,《中共中央、国务院关于完整准确全面贯彻新发展理念做好碳达峰碳中和工作的意见》发布。该文件作为碳达峰碳中和"1+N"政策体系中的"1",为碳达峰碳中和这项重大工作进行系统谋划、总体部署。

2021 年 10 月,《中共中央、国务院关于完整准确全面贯彻新发展理念做好碳达峰碳中和工作的意见》以及《2030 年前碳达峰行动方案》发布。这两个重要文件的相继出台,共同构建了中国碳达峰碳中和"1+N"政策体系的顶层设计,而重点领域和行业的配套政策将围绕以上意见及方案陆续出台。

2022 年 6 月,科学技术部、国家发展和改革委员会、工业和信息化部等 9 部门印发《科技支撑碳达峰碳中和实施方案(2022—2030 年)》(以下简称《实施方案》)。该文件统筹提出支撑 2030 年前实现碳达峰目标的科技创新行动和保障举措,并为 2060 年前实现碳中和目标做好技术研发储备。

2.1.1　全国及贵州省碳达峰碳中和相关专利申请量统计

对全国及贵州省在 2022 年间申请的碳达峰碳中和相关专利进行统计,获取全国及贵州省碳达峰碳中和相关专利申请量。2022 年全国及贵州省碳达峰碳中和相关专利申请量如图 2-1 所示。

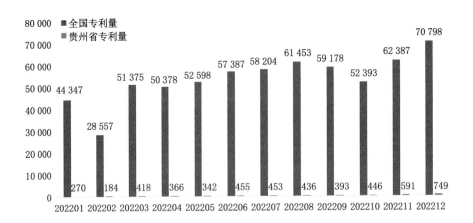

图 2-1　2022 年全国及贵州省碳达峰碳中和相关专利申请量(单位件)

由图 2-1 可以看出:① 全国范围内 2022 年间申请碳达峰碳中和相关专利 649 055 件,贵州省申请碳达峰碳中和相关专利 5 103 件(其占比 0.79%)。② 全国碳达峰碳中和相关专利在 2022

年 2 月的申请量最低,为 28 557 件;全国碳达峰碳中和相关专利在 2022 年 12 月的申请量最高,为 70 798 件;2022 年月均碳达峰碳中和相关专利申请量为 54 088 件。③ 贵州省碳达峰碳中和相关专利同样在 2022 年 2 月的申请量最低,为 184 件;在 2022 年 12 月的申请量最高,为 749 件;2022 年月均碳达峰碳中和相关专利申请量为 425 件。

2.1.2　全国及贵州省碳达峰碳中和相关专利授权量统计

对全国及贵州省在 2022 年间授权的碳达峰碳中和相关专利进行统计,获取全国及贵州省碳达峰碳中和相关专利授权量。2022 年全国及贵州省碳达峰碳中和相关专利授权量如图 2-2 所示。

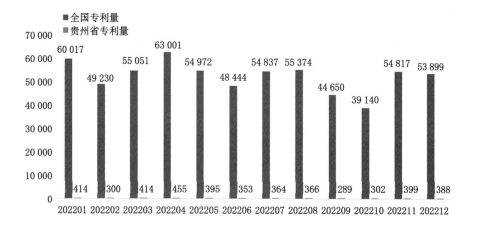

图 2-2　2022 年全国及贵州省碳达峰碳中和相关专利授权量(单位件)

由图 2-2 可以看出:① 全国范围内 2022 年间碳达峰碳中和相关专利授权 633 432 件,贵州省 2022 年间碳达峰碳中和相关专利授权 4 439 件(其占比 0.70％)。② 全国碳中和碳达峰相关专利在 2022 年 10 月的授权量最低,为 39 140 件;在 2022 年 4 月的授权量最高,为 63 001 件;2022 年月均碳达峰碳中和相关专利授权量为 52 786 件。③ 贵州省碳中和碳达峰相关专利在 2022 年 9 月的授权量最低,为 289 件;在 2022 年 4 月的授权量最高,为 455 件;2022 年月均碳达峰碳中和相关专利授权量为 370 件。

2.2 全国及贵州省煤炭行业专利申请情况分析

2.2.1 全国及贵州省煤炭行业专利申请量统计

对全国及贵州省煤炭行业在 2022 年间申请的专利进行统计,获取全国及贵州省煤炭行业专利申请量。2022 年全国及贵州省煤炭行业专利申请量如图 2-3 所示。

由图 2-3 可以看出:① 全国煤炭行业在 2022 年 2 月的专利申请量最低,为 1 097 件;在 2022 年 12 月的专利申请量最高,为 2 583件;2022 年全国煤炭行业专利月均申请量为 2 049 件。② 贵州省煤炭行业同样在 2022 年 2 月的专利申请量最低,为 24 件;在 2022 年 6 月的专利申请量最高,为 61 件;2022 年贵州省煤炭行业专利月均申请量为 45 件。2022 年贵州省单月专利申请量最大值是最小值的约 2.5 倍,其绝对数量差 37 件,这表明贵州省煤炭行业专利申请量在不同月份差异较大。

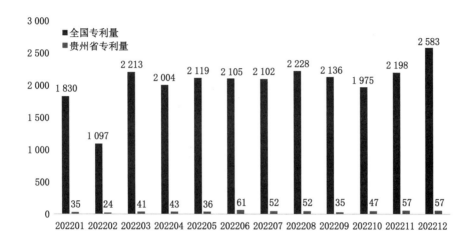

图 2-3　2022 年全国及贵州省煤炭行业专利申请量(单位件)

综合而言,全国煤炭行业 2022 年间申请专利 24 590 件,贵州省 2022 年间申请专利 540 件(其占比 2.20％)。

2.2.2　全国及贵州省煤炭行业申请专利类型及法律状态分析

对全国及贵州省煤炭行业申请专利类型及法律状态进行统计,获取 2022 年间全国及贵州省煤炭行业申请专利类型及法律状态。

(1) 全国煤炭行业

2022 年全国煤炭行业申请专利类型及法律状态如图 2-4 所示。

由图 2-4 可以看出,在 2022 年全国煤炭行业申请专利中,发明专利为 13 258 件,占比 53.91％;实用新型专利为 10 786 件,占比 43.87％;外观设计专利为 546 件,占比 2.22％。据此可知,全国

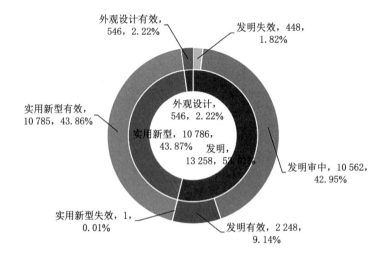

图 2-4　全国煤炭行业申请专利类型及法律状态(单位件)

煤炭行业申请专利以发明专利和实用新型专利为主。

在发明专利中,审中专利为 10 562 件,占比 42.95％;有效专利为 2 248 件,占比 9.14％;失效专利为 448 件,占比 1.82％。在实用新型专利中,有效专利为 10 785 件,占比 43.86％;失效专利为 1 件,占比0.01％。在外观设计专利中,有效专利为 546 件,占比2.22％;暂无失效专利。

整体而言,全国煤炭行业有效专利总计 13 579 件,占比 55.22％;失效专利总计 449 件,占比 1.83％;审中专利总计 10 562 件,占比 42.95％。

(2)贵州省煤炭行业

贵州省煤炭行业申请专利类型及法律状态如图 2-5 所示。

由图 2-5 可以看出,在 2022 年贵州省煤炭行业申请专利中,发明专利为 244 件,占比 45.18％;实用新型专利为 279 件,占比

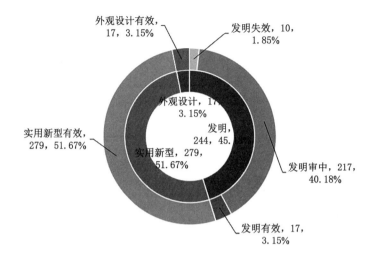

图 2-5　2022 年贵州省煤炭行业申请专利类型及法律状态（单位件）

51.67％；外观设计专利为 17 件，占比 3.15％。据此可知，贵州省煤炭行业申请专利以实用新型专利和发明专利为主。

在发明专利中，审中专利为 217 件，占比 40.18％；有效专利为 17 件，占比 3.15％；失效专利为 10 件，占比 1.85％。在实用新型专利中，有效专利为 279 件，占比 51.67％；暂无失效专利；在外观设计专利中，有效专利为 17 件，占比 3.15％；暂无失效专利。

整体而言，贵州省煤炭行业有效专利总计 313 件，占比 57.96％；失效专利总计 10 件，占比 1.85％；审中专利总计 217 件，占比 40.19％。

2.2.3　全国及贵州省煤炭行业申请专利技术主题分布

对全国及贵州省煤炭行业在 2022 年间申请的专利进行技术主题分布统计，获取全国及贵州省申请专利的技术主题分布情况。

（1）全国煤炭行业

2022 年全国煤炭行业申请专利的技术主题及研发热点分布如图 2-6 所示。

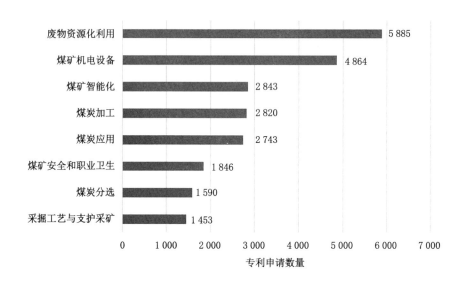

图 2-6　全国煤炭行业申请专利技术主题及研发热点分布(单位件)

由图 2-6 可以看出，全国煤炭行业申请专利涉及最多的技术主题为废物资源化利用，共有 5 885 件专利申请；其次为煤矿机电设备，共有 4 864 件专利申请；随后依次为煤矿智能化（共有 2 843 件专利申请）、煤炭加工（共有 2 820 件专利申请）、煤炭应用（共有 2 743 件专利申请）、煤矿安全和职业卫生（共有 1 846 件专利申请）、煤炭分选（共有 1 590 件专利申请）、采掘工艺与支护采矿（共有 1 453 件专利申请）。

综合而言，废物资源化利用、煤矿机电设备是全国煤炭行业主要发展及布局的重要技术领域，因此相关专利申请量较大。

（2）贵州省煤炭行业

2022 年贵州省煤炭行业申请专利技术主题及研发热点分布如图 2-7 所示。

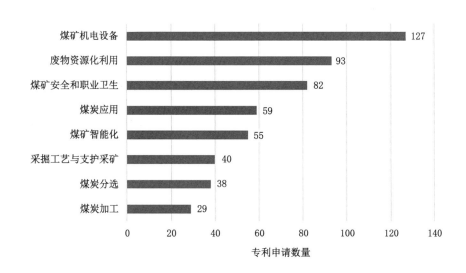

图 2-7　贵州省煤炭行业申请专利技术主题及研发热点分布（单位件）

由图 2-7 可以看出，贵州省煤炭行业申请专利涉及最多的技术主题是煤矿机电设备，共有 127 件专利申请；其次为废物资源化利用，共有 93 件专利申请；随后依次为煤矿安全和职业卫生（共有 82 件专利申请）、煤炭应用（共有 59 件专利申请）、煤矿智能化（共有 55 件专利申请）、采掘工艺与支护采矿（共有 40 件专利申请）、煤炭分选（共有 38 件专利申请）、煤炭加工（共有 29 件专利申请）。

综合而言，煤矿机电设备、废物资源化利用和煤矿安全和职业卫生是贵州省煤炭行业主要发展及布局的重要技术领域，因此相关专利申请量相对较大。

2.3 全国及贵州省煤炭行业专利授权情况分析

2.3.1 全国及贵州省煤炭行业专利授权量统计

对全国及贵州省煤炭行业在 2022 年间授权的专利进行统计,获取全国及贵州省煤炭行业专利授权量。2022 年全国及贵州省煤炭行业专利授权量如图 2-8 所示。

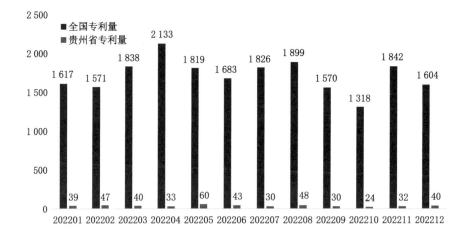

图 2-8 2022 年全国及贵州省煤炭行业专利授权量(单位件)

由图 2-8 可以看出:① 全国煤炭行业在 2022 年 10 月的专利授权量最低,为 1 318 件;在 2022 年 4 月的专利授权量最高,为 2 133件;2022 年全国煤炭行业月均专利授权量为 1 727 件。② 贵州省煤炭行业在 2022 年 10 月的专利授权量最低,为 24 件;

在 2022 年 5 月的专利授权量最高,为 60 件;2022 年贵州省煤炭行业月均专利授权量为 39 件。

综合而言,全国煤炭行业 2022 年间授权专利 20 720 件,贵州省授权专利 466 件(其占比 2.25%)。

2.3.2　全国及贵州省煤炭行业授权专利类型及法律状态分析

对全国及贵州省煤炭行业授权专利类型及法律状态进行统计,获取 2022 年间全国及贵州省授权专利类型及法律状态(包括授权且维持有效的专利与授权后失效的专利)。

(1) 全国煤炭行业

2022 年全国煤炭行业授权专利类型及法律状态如图 2-9 所示。

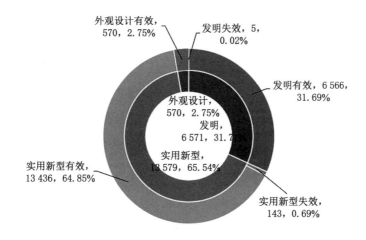

图 2-9　2022 年全国煤炭行业授权专利类型及法律状态(单位件)

由图 2-9 可以看出,在 2022 年全国煤炭行业授权专利中,发明专利为 6 571 件,占比 31.71％;实用新型专利为 13 579 件,占比 65.54％;外观设计专利为 570 件,占比 2.75％。目前,全国煤炭行业授权的专利以实用新型专利为主。

在发明专利中,有效专利为 6 566 件,占比 31.69％;失效专利为 5 件,占比 0.02％。在实用新型专利中,有效专利为 13 436 件,占比 64.85％;失效专利为 143 件,占比 0.69％。在外观设计专利中,有效专利为 570 件,占比 2.75％;暂无失效专利。整体而言,全国煤炭行业有效专利总计 20 572 件,占比 99.29％;失效专利总计 148 件,占比 0.71％。

(2)贵州省煤炭行业

2022 年贵州省煤炭行业授权专利类型及法律状态如图 2-10 所示。

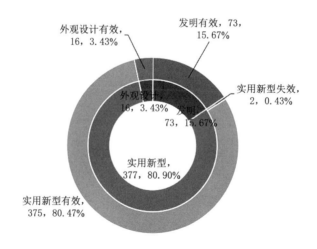

图 2-10　2022 年贵州省煤炭行业授权专利类型及法律状态(单位件)

由图 2-10 可以看出,在 2022 年贵州省煤炭行业授权专利中,发明专利为 73 件,占比 15.67%;实用新型专利为 337 件,占比 80.90%;外观设计专利为 16 件,占比 3.43%。目前,贵州省煤炭行业授权的专利以实用新型专利为主。

在发明专利中,有效专利为 73 件,占比 15.67%;暂无失效、审中专利。在实用新型专利中,有效专利为 375 件,占比 80.47%;失效专利为 2 件,占比 0.43%。在外观设计专利中,有效专利为 16 件,占比 3.43%;暂无失效专利。整体而言,贵州省煤炭行业有效专利总计 464 件,占比 99.57%;失效专利总计 2 件,占比 0.43%。

2.3.3　全国及贵州省煤炭行业授权专利技术主题分析

对全国及贵州省煤炭行业在 2022 年间授权的专利进行技术主题分布统计,获取全国及贵州省授权专利的技术主题分布情况。

2022 年全国煤炭行业授权专利技术主题及研发热点分布如图 2-11 所示。

由图 2-11 可以看出,全国煤炭行业授权专利涉及最多的技术主题是煤矿机电设备,共有 4 871 件专利授权;其次为废物资源化,共有 4 300 件专利授权;随后依次为煤炭加工(共有 2 709 件授权专利)、煤炭应用(共有 2 227 件授权专利)、煤矿智能化(共有 1 911 件授权专利)、煤炭分选(共有 1 527 件授权专利)、煤矿安全和职业卫生(共有 1 517 件授权专利)、采掘工艺与支护采矿(共有 1 089 件授权专利)。

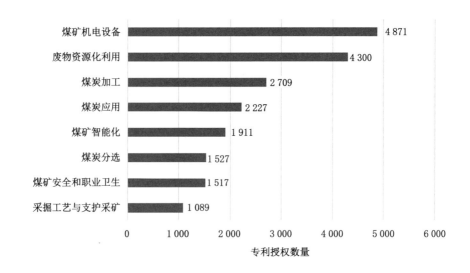

图 2-11   2022 年全国煤炭行业授权专利的技术主题及
研发热点分布(单位件)

综合而言,煤矿机电设备、废物资源化利用是全国煤炭行业主要发展及布局的重要技术领域,因此相关专利授权量较大。

(2)贵州省煤炭行业

贵州省煤炭行业授权专利的技术主题及研发热点分布如图 2-12 所示。

由图 2-12 可以看出,贵州省煤炭行业授权专利涉及最多的技术主题是煤矿机电设备,共有 152 件专利授权;其次为煤矿安全和职业卫生,共有 68 件授权专利;随后依次为废物资源化利用(共有 62 件授权专利)、煤矿智能化(共有 42 件授权专利)、煤炭应用(共有 40 件授权专利)、采掘工艺与支护采矿(共有 33 件授权专利)、煤炭分选(共有 28 件授权专利)、煤炭加工(共有 25 件授权专利)。

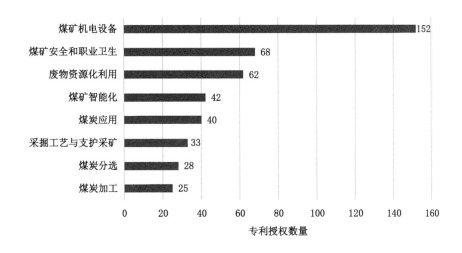

图 2-12　2022 年贵州省煤炭行业授权专利的技术主题及
研发热点分布（单位件）

综合而言，煤矿机电设备、煤矿安全和职业卫生和废物资源化利用是贵州省煤炭行业主要发展及布局的重要技术领域，因此相关专利授权量相对较大。

2.4　全国煤炭行业《专利合作条约》专利申请情况分析

2.4.1　全国煤炭行业《专利合作条约》专利申请总量统计

对全国煤炭行业在 2022 年间申请的《专利合作条约》专利进行统计，获取全国煤炭行业《专利合作条约》专利申请量。2022 年全国煤炭行业《专利合作条约》专利申请量如图 2-13 所示。

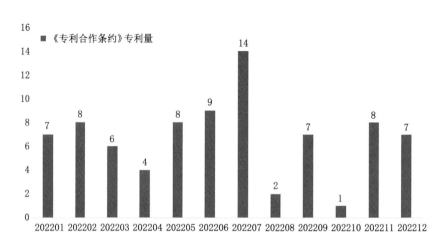

图 2-13　2022 年全国煤炭行业《专利合作条约》专利申请量（单位件）

由图 2-13 可以看出，全国煤炭行业在 2022 年间申请《专利合作条约》专利 81 件，贵州省暂未申请相关专利。其中，全国煤炭行业在 2022 年 10 月的《专利合作条约》专利申请量最低，仅有 1 件；在 2022 年 7 月的《专利合作条约》专利申请量最高，为 14 件；2022 年全国《专利合作条约》专利月均申请量为 7 件。

2.4.2　全国煤炭行业《专利合作条约》专利技术主题分析

对全国煤炭行业在 2022 年间申请的《专利合作条约》专利进行技术主题分布统计，获取《专利合作条约》专利技术主题分布情况。2022 年全国煤炭行业《专利合作条约》专利的技术主题及研发热点分布如图 2-14 所示。

由图 2-14 可以看出，2022 年全国煤炭行业《专利合作条约》

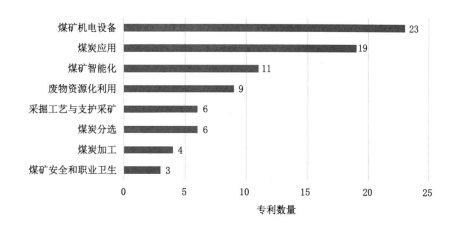

图 2-14　2022 年全国煤炭行业《专利合作条约》专利的

技术主题及研发热点分布(单位件)

专利涉及最多的技术主题是煤矿机电设备(共有 23 件相关专利);其次为煤炭应用(共有 19 件相关专利);随后依次为煤矿智能化(共有 11 件相关专利)、废物资源化利用(共有 9 件相关专利)、采掘工艺与支护采矿(共有 6 件相关专利)、煤炭分选(共有 6 件相关专利)、煤炭加工(共有 4 件相关专利)、煤矿安全和职业卫生(共有 3 件相关专利)。综合而言,煤矿机电设备、煤炭应用全国是煤炭行业《专利合作条约》专利的主要发展及布局的重要技术领域,因此相关专利申请量较大。

2.4.3　全国煤炭行业《专利合作条约》专利申请人分析

对全国煤炭行业在 2022 年间申请的《专利合作条约》专利进行统计分析,获取《专利合作条约》专利主要申请人。2022 年全国煤炭行业《专利合作条约》专利主要申请人如图 2-15 所示。

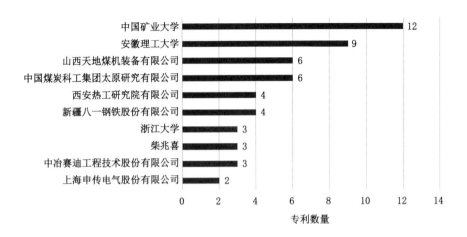

图 2-15　2022 年全国煤炭行业《专利合作条约》专利主要申请人（单位件）

由图 2-15 可以看出,2022 年拥有煤炭行业《专利合作条约》相关专利最多的申请人是中国矿业大学。中国矿业大学拥有 12 件相关专利,其拥有专利数量占总专利数量的 14.81%。安徽理工大学拥有 9 件相关专利,其拥有专利数量占总专利数量的 11.11%。这两家申请人相对其他申请人在专利布局数量方面有明显优势。山西天地煤机装备有限公司、中国煤炭科工集团太原研究院有限公司、西安热工研究院有限公司、新疆八一钢铁股份有限公司、浙江大学、柴兆喜、中冶赛迪工程技术股份有限公司、上海申传电气股份有限公司的《专利合作条约》专利申请量在 2～6 件之间。

2.4.4　全国煤炭行业《专利合作条约》专利发明人分析

对全国煤炭行业在 2022 年间申请的《专利合作条约》专利进行统计分析,获取《专利合作条约》专利主要发明人。2022 年全国煤炭行业《专利合作条约》专利主要发明人如图 2-16 所示。

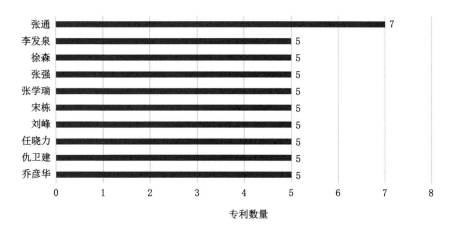

图 2-16　2022 年全国煤炭行业《专利合作条约》专利主要发明人（单位件）

　　由图 2-16 可以看出，2022 年拥有煤炭行业《专利合作条约》相关专利最多的发明人是张通（拥有 7 件相关专利）；其次为李发泉、徐森、张强、张学瑞、宋栋、刘峰、任晓力、仇卫建、乔彦华（均拥有 5 件相关专利）。

自 2015 年《贵州省专利条例》实施以来,贵州省知识产权的保护意识明显增强,贵州省专利的申请量、授权量明显增多,贵州省煤炭行业专利的申请量、授权量更加明显增多。本章主要分析了贵州省各市(自治州)煤炭行业专利申请情况、运营情况、质押情况等。

第 3 章　贵州省煤炭行业
专利分析

为了鼓励发明创造和提升创新能力,2003 年 9 月贵州省正式施行《贵州省专利保护条例》,2015 年 5 月贵州省正式施行《贵州省专利条例》。近年来,贵州省知识产权的保护意识逐年增强,贵州省知识产权的申请数量和授权数量逐年快速增加。

3.1　贵州省煤炭行业专利申请公开分布

将贵州省煤炭行业在 2022 年间已累计申请的 540 件国内专利按照市(自治州)进行申请地域统计,其地域统计结果如图 3-1 所示。

由图 3-1 可以看出,贵州省煤炭行业国内专利申请量最多的市(自治州)是贵阳市(拥有 213 件煤炭行业国内专利申请);其次是六盘水市(拥有 175 件煤炭行业国内专利申请);随后依次为毕

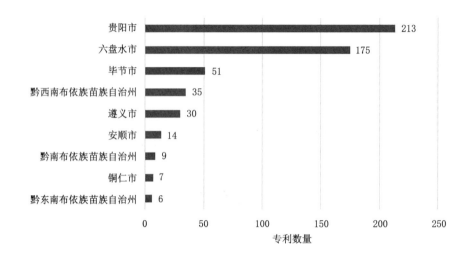

图 3-1 2022 年贵州省煤炭行业国内专利申请地域分布(单位件)

节市(拥有 51 件煤炭行业国内专利申请)、黔西南布依族苗族自治州(拥有 35 件煤炭行业国内专利申请)、遵义市(拥有 30 件煤炭行业国内专利申请)、安顺市(拥有 14 件煤炭行业国内专利申请)、黔南布依族苗族自治州(拥有 9 件煤炭行业国内专利申请)、铜仁市(拥有 7 件煤炭行业国内专利申请)、黔东南苗族侗族自治州(拥有 6 件煤炭行业国内专利申请)。

3.2 贵州省煤炭行业专利授权分布

将贵州省煤炭行业在 2022 年间已累计授权的 466 件国内专利,按照市(自治州)进行授权地域统计,其地域统计结果如

图 3-2 所示。

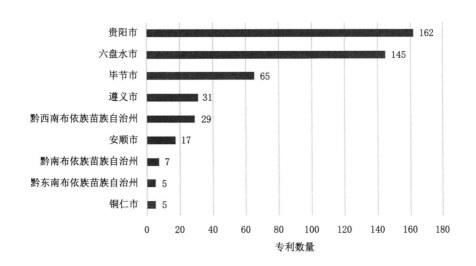

图 3-2　2022 年贵州省煤炭行业国内专利授权地域分布（单位件）

由图 3-2 可以看出，贵州省煤炭行业国内专利授权量最多的市（自治州）是贵阳市（拥有 162 件煤炭行业国内专利授权）；其次是六盘水市（拥有 145 件煤炭行业国内专利授权）；随后依次为毕节市（拥有 65 件煤炭行业国内专利授权）、遵义市（拥有 31 件煤炭行业国内专利授权）、黔西南布依族苗族自治州（拥有 29 件煤炭行业国内专利授权）、安顺市（拥有 17 件煤炭行业国内专利授权）、黔南布依族苗族自治州（拥有 7 件煤炭行业国内专利授权）、黔东南苗族侗族自治州（拥有 5 件煤炭行业国内专利授权）、铜仁市（拥有 5 件煤炭行业国内专利授权）。

3.3 贵州省煤炭行业专利重点申请人分析

经过检索可知,在煤炭行业技术领域,贵州省共有 9 个市(自治州)有相关专利申请或授权,对具体保护市(自治州)重点申请人的相关专利数量(含 2022 年申请专利与 2022 年授权专利)进行统计。2022 年贵州省各市(自治州)重点申请人专利数量如图 3-3 所示。

由图 3-3 可以看出,贵阳市拥有煤炭行业相关专利数量最多,有 312 件专利;其次六盘水市拥有煤炭行业较多的相关专利,有 268 件专利。这说明:在贵州省煤炭行业技术领域,贵阳市、六盘水市的专利保护强度较高;其余市(自治州)具有一定的专利保护强度。

由图 3-3 还可以看出,贵州大学共计拥有煤炭行业相关专利 76 件,贵州盘江精煤股份有限公司共计拥有 69 件煤炭行业相关专利,六盘水师范学院共计拥有 49 件煤炭行业相关专利;随后的为贵州乌江水电开发有限责任公司(共计拥有 18 件煤炭行业相关专利)、永贵能源开发有限责任公司新田煤矿(共计拥有 18 件煤炭行业相关专利)、贵州省矿山安全科学研究院有限公司(共计拥有 14 件煤炭行业相关专利)、贵州工程应用技术学院(共计拥有 12 件煤炭行业相关专利)、贵州省煤炭产品质量监督检验院(共计拥有 11 件煤炭行业相关专利);其余申请人在煤炭行业相关专利的拥有量均低于 10 件。

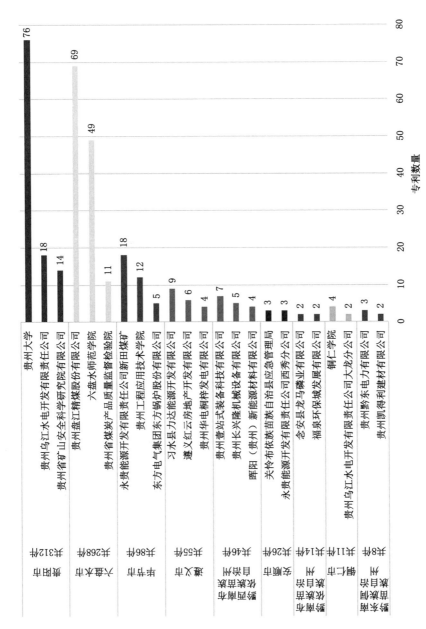

图 3-3　2022 年贵州省各市（自治州）重点申请人专利数量（单位件）

3.4 贵州省煤炭行业专利运营情况分析

3.4.1 贵州省煤炭行业专利转让情况分析

经检索,2022 年贵州省煤炭行业相关专利转让共计 9 件,其具体情况如表 3-1 所示。

表 3-1   2022 年贵州省煤炭行业专利转让情况

序号	公开(公告)号	标题-原文	转让人	受让人	专利类型	法律有效性
1	CN115536302A	一种硅锰渣基超早强喷射混凝土掺合料及喷射混凝土	贵州天威建材科技有限责任公司	贵州天威建材科技有限责任公司;中铁五局集团有限公司;中铁五局集团物资实业有限责任公司	发明	审中
2	CN114409359B	一种绿色防磷污染砂浆	贵州大兴旺新材料科技有限公司	阁美仕(广东)建材有限公司	发明	有效

表3-1（续）

序号	公开(公告)号	标题-原文	转让人	受让人	专利类型	法律有效性
3	CN216244317U	一种工业煤气发酵法生产燃料乙醇的尾气处理装置	贵州金泽新能源科技有限公司	贵州金泽新能源科技有限公司;北京首钢朗泽科技股份有限公司	实用新型	有效
4	CN113048828B	一种便于对煤渣加工处理用的多级余热回收装置	侬昌跃	山西文龙中美环能科技股份有限公司	发明	有效
5	CN215462319U	一种用于煤矿污水处理的自动清洁式格栅装置	贵州正高科技有限公司	义煤集团新义矿业有限公司	实用新型	有效
6	CN112240218B	一种可防沙石掉落的煤矿开采用巷道支护装置	邱禄君	山东思科赛德矿业安全工程有限公司	发明	有效
7	CN216110781U	一种煤矿开采用矿洞高效支持装置	杨仁平	中煤山西煤矿支护实业有限公司	实用新型	有效

表3-1(续)

序号	公开(公告)号	标题-原文	转让人	受让人	专利类型	法律有效性
8	CN216150319U	一种矿山开采用煤矿筛选设备	蒙文菊	贵州铂汇选煤设备有限公司	实用新型	有效
9	CN216756557U	一种煤矿采集用粉碎装置	杨仁平	陕西卓杰瑾奕工矿机电设备有限责任公司	实用新型	有效

由表 3-1 可以看出,煤炭行业专利转让人类型为企业的有 4 件,其为个人的有 5 件;煤炭行业专利受让人类型均为企业;从专利类型来看,发明专利有 4 件,实用新型专利有 5 件;在法律状态方面,处于审中的专利有 1 件,其余 8 件专利目前均维持有效。总体上讲,贵州煤炭行业专利转化比例不高。2022 年贵州省煤炭行业专利授权 466 件,转让煤炭行业专利 9 件,其占比仅为 1.93%。

3.4.2　贵州省煤炭行业专利许可情况分析

经检索,2022 年贵州省煤炭行业相关专利暂无许可情况。

3.4.3　贵州省煤炭行业专利质押情况分析

经检索,2022 年贵州省煤炭行业相关专利质押共计 3 件,其具体情况如表 3-2 所示。

表 3-2　2022 年贵州省煤炭行业专利质押情况

序号	公开(公告)号	标题-原文	出质人	质权人	专利类型	法律有效性
1	CN215573023U	一种数字煤矿三维建模用基于 GIS 的地理信息采集装置	贵州煜滕煤炭行业大数据信息中心有限责任公司	贵阳农村商业银行股份有限公司科技支行	实用新型	有效
2	CN215911126U	一种煤矿企业关系图谱构建用企业信息展示平台	贵州煜滕煤炭行业大数据信息中心有限责任公司	贵阳农村商业银行股份有限公司科技支行	实用新型	有效
3	CN215545167U	一种铝合金钻孔装置	贵州盛昌铝业有限公司	中国邮政储蓄银行股份有限公司黔南布依族苗族自治州分行	实用新型	有效

由表 3-2 可以看出,贵州煜滕煤炭行业大数据信息中心有限责任公司质押专利共计 2 件,贵州盛昌铝业有限公司质押专利共计 1 件;从专利类型来看,质押专利均为实用新型专利,且目前均维持有效。

专利申请可以保护创新成果，可以为企业和个人带来商业价值与经济收益。专利申请的创新主体主要包括发明人或设计人、单位、受让人等。本章主要分析了贵州省煤炭行业相关专利申请的创新主体情况、各个创新主体所申请专利的技术主题分布情况等。

第 4 章　贵州省煤炭行业
申请专利创新主体分析

专利是指一项发明创造。专利申请的创新主体包括发明人或设计人、单位、受让人等。① 发明人或设计人是指对发明创造的实质性特点作出创造性贡献的人。② 单位:对于职务发明创造,专利权的主体是该发明创造的发明人或者设计人的所在单位。③ 受让人是指通过合同或继承而依法取得该专利权的单位或个人。贵州省煤炭行业专利申请的创新主体主要是单位,包括高校(如贵州大学)、企业(如贵州盘江精煤股份有限公司)等。

4.1　贵州省煤炭行业专利主要申请人申请数据分析

2022 年贵州省煤炭行业申请专利主要创新主体如图 4-1 所示。贵州省煤炭行业专利申请主体主要包括企业、高校、研究所等。

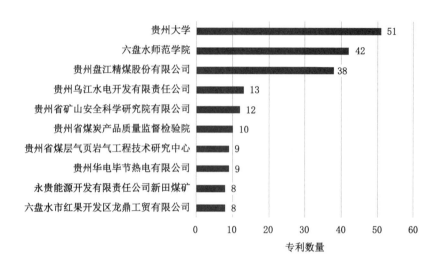

图 4-1　2022 年贵州省煤炭行业申请专利主要创新主体(单位件)

由图 4-1 可以看出,煤炭行业专利申请最多的是贵州大学。贵州大学拥有煤炭行业专利的数量为 51,占总专利数量的 9.44%;六盘水师范学院拥有煤炭行业专利的数量为 42,占总专利数量的 7.77%;贵州盘江精煤股份有限公司拥有煤炭行业专利的数量为 38,占总专利数量的 7.04%。这三家单位相对于其他单位在煤炭行业专利数量方面具有明显优势,可以视为贵州省内煤炭领域最主要的专利技术拥有者。

由图 4-1 还可以看出,贵州乌江水电开发有限责任公司、贵州省矿山安全科学研究院有限公司、贵州省煤炭产品质量监督检验院、贵州省煤层气页岩气工程技术研究中心、贵州华电毕节热电有限公司、永贵能源开发有限责任公司新田煤矿、六盘水市红果开发区龙鼎工贸有限公司的煤炭行业专利申请量在 8～13 件之间。

4.2　贵州省煤炭行业专利主要申请人授权数据分析

2022 年贵州省煤炭行业授权专利主要创新主体如图 4-2 所示。

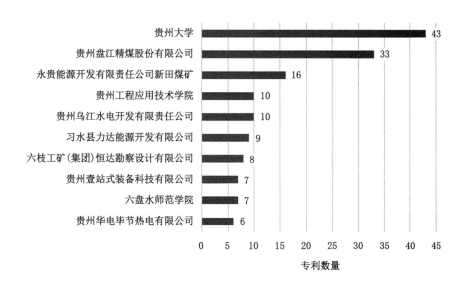

图 4-2　2022 年贵州省煤炭行业授权专利主要创新主体(单位件)

由图 4-2 可以看出,拥有煤炭行业相关专利最多的申请人是贵州大学,拥有 43 件煤炭行相关专利,占全省煤炭行业专利总量的 9.23%；贵州盘江精煤股份有限公司拥有 33 件煤炭行相关专利，占全省煤炭行业专利总量的 7.08%。此两家申请人相对于其他申请人在煤炭行业专利数量方面具有明显优势，可以视为贵州省内煤炭领域最主要的专利技术拥有者。

由图 4-2 还可以看出，永贵能源开发有限责任公司新田煤矿、贵州工程应用技术学院、贵州乌江水电开发有限责任公司、习水县力达能源开发有限公司、六枝工矿（集团）恒达勘察设计有限公司、贵州壹站式智慧科技有限公司、六盘水师范学院、贵州华电毕节热电有限公司的煤炭行业专利授权量在 6～16 件之间。

4.3　贵州省煤炭行业重点创新主体专利情况分析

4.3.1　贵州省煤炭行业专利企业拥有情况分析

（1）贵州盘江精煤股份有限公司

贵州盘江精煤股份有限公司是贵州省省管大二型国有企业，是以原煤开采、洗选加工、火力发电、新能源为主导，融资源综合利用、机械加工制造、矿山综合服务为一体的大型现代化综合能源企业。

贵州盘江精煤股份有限公司在 2022 年间申请煤炭行业相关专利 38 件，被授权专利 29 件。从贵州盘江精煤股分朋限公司的专利类型来看，实用新型专利有 51 件，且均维持有效；发明专利有 16

件,其中审中专利有 15 件,有效专利有 1 件。贵州盘江精煤股份有限公司暂无发生专利转移转化情况。

对贵州盘江精煤股份有限公司上述专利进行技术主题分布统计,获取贵州盘江精煤股份有限公司专利技术主题分布情况。2022年贵州盘江精煤股份有限公司专利的技术主题分布如图 4-3 所示。

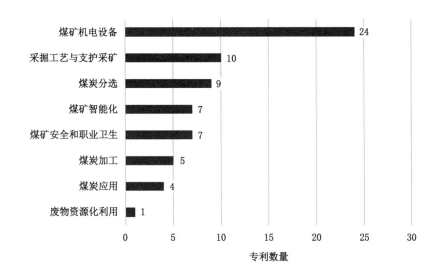

图 4-3 2022 年贵州盘江精煤股份有限公司专利的
技术主题分布(单位件)

由图 4-3 可以看出,贵州盘江精煤股份有限公司煤炭行业专利涉及最多的技术主题是煤矿机电设备(共有 24 件相关专利);其次为采掘工艺与支护采矿(共有 10 件相关专利);随后依次为煤炭洗选(共有 9 件相关专利)、煤矿智能化(共有 7 件相关专利)、煤矿安全和职业卫生(共有 7 件相关专利)、煤炭加工(共有 5件相关专利)、煤炭应用(共有 4 件相关专利)、废物资源化利用(共有 1 件相关专利)。综合而言,煤矿机电设备、采掘工艺与支护采矿是贵州盘江精煤股份有限公司主要发展及布局的重要技术领域,因此相关专利拥有量较大。

(2)贵州乌江水电开发有限责任公司

贵州乌江水电开发有限责任公司是我国第一家流域水电开发公司,按照"流域、梯级、滚动、综合"的开发方针,经营管理、开发建设乌江干流贵州境内河段梯级电站。

贵州乌江水电开发有限责任公司在 2022 年间申请煤炭行业相关专利 13 件,被授权专利 5 件。从贵州乌江水电开发有限责任公司的专利类型来看,所有专利均为实用新型专利,共计 18 件且维持有效。贵州乌江水电开发有限责任公司暂无发生专利转移转化情况。

对贵州乌江水电开发有限责任公司上述专利进行技术主题分布统计,获取贵州乌江水电开发有限责任公司专利技术主题分布情况。2022 年贵州乌江水电开发有限责任公司专利的技术主题分布如图 4-4 所示。

由图 4-4 可以看出,贵州乌江水电开发有限责任公司煤炭行业专利涉及最多的技术主题是煤炭应用(共有 6 件相关专利);其次为煤矿机电设备(共有 5 件相关专利);随后依次为煤炭加工(共有 3 件相关专利)、煤炭洗选(共有 1 件相关专利)、煤矿智能化(共有 1 件相关专利)、煤矿安全和职业卫生(共有 1 件相关专利)、废物资源化利用(共有 1 件相关专利)。综合而言,煤炭应用、煤矿机电设备是贵州乌江水电开发有限责任公司主要发展及布局的重要技术领域,因此相关专利拥有量较大。

(3)永贵能源开发有限责任公司新田煤矿

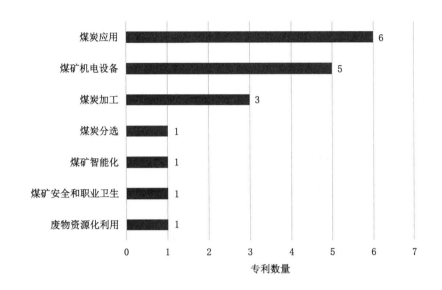

图 4-4　2022 年贵州乌江水电开发有限责任公司专利的

技术主题分布(单位件)

　　永贵能源开发有限责任公司是河南煤业化工集团在贵阳设立的全资子公司,新田煤矿是永贵能源开发有限责任公司的下属单位。

　　永贵能源开发有限责任公司新田煤矿在 2022 年间申请煤炭行业相关专利 8 件,被授权专利 10 件。从永贵能源开发有限责任公司新田煤矿的专利类型来看,实用新型专利有 16 件,且均维持有效;发明专利有 2 件,其中审中专利有 1 件,有效专利有 1 件。永贵能源开发有限责任公司新田煤矿暂无发生专利转移转化情况。

　　对永贵能源开发有限责任公司新田煤矿上述专利进行技术主题分布统计,获取永贵能源开发有限责任公司新田煤矿专利技术主题分布情况。永贵能源开发公司新田煤矿专利的技术主题分布如图 4-5 所示。

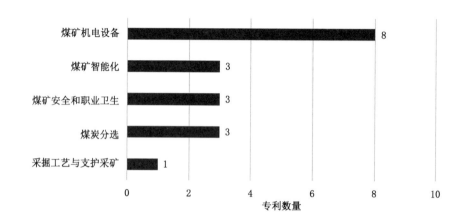

图 4-5　2022 年永贵能源开发公司新田煤矿专利的
技术主题分布(单位件)

由图 4-5 可以看出,永贵能源开发有限责任公司新田煤矿煤炭行业专利涉及最多的技术主题是煤矿机电设备(共有 8 件相关专利);随后为煤矿智能化、煤矿安全和职业卫生、煤炭洗选(均有 3 件相关专利);最少为采掘工艺与支护采矿(仅有 1 件相关专利)。综合而言,煤矿机电设备是永贵能源开发有限责任公司新田煤矿主要发展及布局的重要技术领域,因此相关专利拥有量较大。

4.3.2　贵州省煤炭行业专利高校及科研院所拥有情况分析

（1）贵州大学

贵州大学是教育部和贵州省人民政府"部省合作共建高校"、国家"211 工程"建设高校、国家世界一流学科建设高校、首批"全国党建工作示范高校"、首届"全国文明校园"和教育部"三全育人"综合改革试点单位。贵州大学下属的矿业学院是该单位申请煤炭行业相关专利的主要部门。

贵州大学在 2022 年间申请煤炭行业相关专利 51 件,被授权专利 25 件。从贵州大学的专利类型来看,发明专利有 55 件,其中审中专利有 33 件,有效专利有 22 件;实用新型专利有 21 件,均维持有效。贵州大学暂无发生专利转移转化情况。

对贵州大学上述专利进行技术主题分布统计,获取贵州大学专利技术主题分布情况。贵州大学专利的技术主题分布如图 4-6 所示。

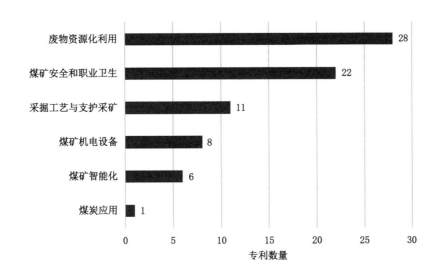

图 4-6　2022 年贵州大学专利的技术主题分布(单位件)

由图 4-6 可以看出,贵州大学煤炭行业专利涉及最多的技术主题是废物资源化利用(共有 28 件相关专利);其次为煤矿安全和职业卫生(共有 22 件相关专利);随后依次为采掘工艺与支护采矿(共有 11 件相关专利)、煤矿机电设备(共有 8 件相关专利)、煤矿智能化(共有 6 件相关专利)、煤炭应用(共有 1 件相关专利)。综合而言,废物资源化利用、煤矿安全和职业卫生是贵州大学主要发展及布局的重要技术领域,因此相关专利拥有量较大。

(2)六盘水师范学院

六盘水师范学院是"省市共建、以市为主"的全日制普通本科院校,是贵州省向应用型转型发展试点院校,是贵州省"十三五"新增硕士学位授予立项建设单位。六盘水师范学院下属的化学与材料工程学院、矿业与机械工程学院是是该单位申请煤炭行业相关专利的主要部门。

六盘水师范学院在 2022 年间申请煤炭行业相关专利 42 件,被授权专利 7 件。从六盘水师范学院的专利类型来看,发明专利有 46 件,其中审中专利有 33 件,有效专利有 7 件,失效专利有 6 件;实用新型专利有 3 件,均维持有效。六盘水师范学院暂无发生专利转移转化情况。

对六盘水师范学院上述专利进行技术主题分布统计,获取六盘水师范学院专利技术主题分布情况。六盘水师范学院专利的技术主题分布如图 4-7 所示。

由图 4-7 可以看出,六盘水师范学院煤炭行业专利涉及最多的技术主题是煤矿智能化、煤矿安全和职业卫生(均有 12 件

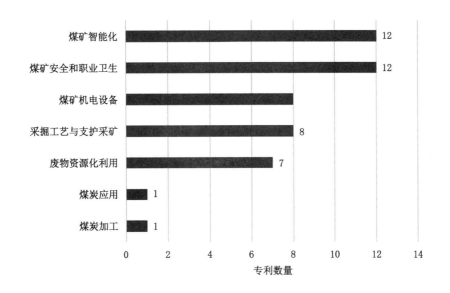

图 4-7　2022 年六盘水师范学院专利的技术主题分布（单位件）

相关专利）；其次为煤矿机电设备、采掘工艺与支护采矿（均有 8 件相关专利）；随后依次为废物资源化利用（共有 7 件相关专利）、煤炭应用（共有 1 件相关专利）、煤炭加工（共有 1 件相关专利）。综合而言，煤矿智能化、煤矿安全和职业卫生是六盘水师范学院主要发展及布局的重要技术领域，因此相关专利拥有量较大。

中国专利奖是中国专利领域的最高荣誉。中国专利奖重在强化知识产权创造、保护、运用,推动经济高质量发展,鼓励和表彰为技术(设计)创新及经济社会发展做出突出贡献的专利权人和发明人(设计人)。本章主要分析了贵州省煤炭行业中国专利奖获得情况。

第 5 章　贵州省专利奖获奖情况分析

　　中国专利奖,是由中国国家知识产权局和世界知识产权组织共同主办的,是中国唯一的专门对授予专利权的发明创造给予奖励的政府部门奖,也是中国专利领域的最高荣誉。中国专利奖设:中国专利金奖、中国专利银奖、中国专利优秀奖,中国外观设计金奖、中国外观设计银奖、中国外观设计优秀奖。中国专利奖评奖标准不仅强调项目的专利技术水平和创新高度,同时注重其在市场转化过程中的运用情况,还对其保护状况和管理情况提出要求。

5.1　全国及贵州省煤炭行业中国专利奖获奖情况分析

　　统计历届(1989—2022 年)中国专利奖获奖情况,分析贵州省乃至全国煤炭行业中国专利奖获奖情况。

5.1.1 中国专利金奖(煤炭类)获奖情况分析

据统计,1989—2022 年,全国煤炭行业荣获中国专利金奖共计 22 项,平均每年获奖 1.375 项,如图 5-1 所示。由图 5-1 可以看出,全国煤炭行业大多数年份中国专利金奖获奖数量仅为 1 项;全国煤炭行业中国专利金奖获奖最多的年份为 2021 年,其获奖数量也仅为 3 项。

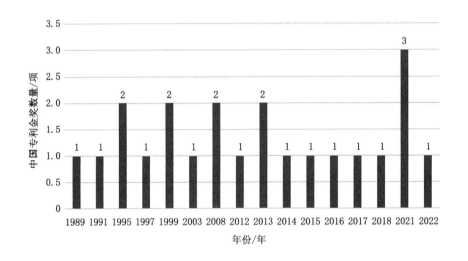

图 5-1 1989—2022 年中国专利金奖(煤炭类)获奖数量统计

全国煤炭行业荣获中国专利金奖主要分布在北京、安徽、江西、辽宁、山东、山西、上海、四川、河北、湖南、河南等省(自治区、直辖市),如图 5-2 所示。由图 5-2 可以看出,北京市是全国煤炭行业中国专利金奖获奖地区中数量最多的直辖市,其获奖数量为

9 项；四川省是我国西南五省中唯一荣获全国煤炭行业中国专利金奖的省份，其获奖数量为 1 项。各省、自治区、直辖市在煤炭行业荣获中国专利金奖数量上整体分布不均衡。除北京市外，山东省、辽宁省煤炭行业中国专利金奖获奖数量分别仅为 3 项、2 项，其余省（自治区、直辖市）的仅为 1 项。

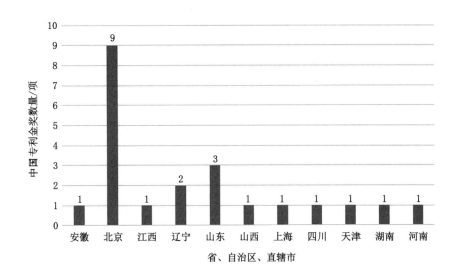

图 5-2　1989—2022 年中国专利金奖（煤炭类）获奖数量地区分布

通过进一步分析发现，在全国煤炭行业荣获的中国专利金奖的专利类型中，大部分专利为发明专利。发明专利数量为 19 项，占中国专利金奖获奖专利总数量的 86% 左右，如图 5-3 所示。

全国煤炭行业获得的中国专利金奖的专利的技术领域主要包括采煤方法与工艺、监测监控、矿山环境、煤矿机械、煤矿掘进、水害防治、瓦斯治理和利用、煤矿地质、支护等，如图 5-4 所示。由图 5-4 可以看出，全国煤炭行业荣获的中国专利金奖在采煤方法

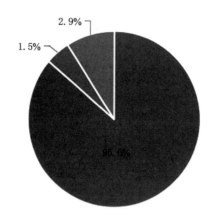

图 5-3　1989—2022 年中国专利金奖(煤炭类)获奖专利类型分布

与工艺、煤矿机械领域分布数量最多,均为 4 项;而其在煤矿掘进、煤矿地质、支护等领域分布数量最少,均为 1 项。

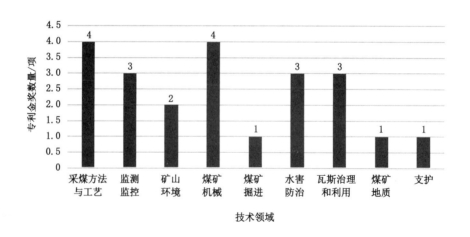

图 5-4　1989—2022 年中国专利金奖(煤炭类)获奖技术领域分布

5.1.2　中国专利银奖(煤炭类)获奖情况分析

中国专利银奖于 2017 年开始设立。据统计,自 2017 年至今,全国煤炭行业荣获的中国专利银奖数量仅为 6 项。中国专利银奖(煤炭类)具体获奖名单如表 5-1 所示。

表 5-1　中国专利银奖(煤炭类)获奖名单

序号	届数	年份	专利名称	专利号	专利类型	技术领域	行政辖区
1	20	2018	一种连续操作的气液固三相浆态床工业反应器	ZL03151109.0	发明专利	煤矿机械	上海市
2	20	2018	一种轨道车辆防倒溜控制系统及其方	ZL201310099923.2	发明专利	煤矿机械	湖南省
3	21	2021	用于起重作业的全地面起重机	ZL201630544240.8	外观设计专利	煤矿机械	江苏省
4	22	2021	一种测井方法	ZL201110437098.3	发明专利	煤矿地质	北京市
5	23	2022	一种砂岩型铀矿综合评价技术方法	ZL201711421919.8	发明专利	采煤方法和工艺	北京市
6	23	2022	薄煤层采煤机的截割臂	ZL202030006606.2	外观设计专利	采煤方法和工艺	上海市

由表 5-1 可以看出,全国煤炭行业荣获中国专利银奖的专利

大部分为发明专利;全国煤炭行业实用新型专利没有荣获中国专利银奖。荣获中国专利银奖(煤炭类)专利的技术领域主要包括煤矿机械、煤矿地质与采煤方法和工艺。其中,全国煤炭行业荣获的中国专利银奖在"煤矿机械"领域分布数量最多,共计 3 项。荣获中国专利银奖(煤炭类)的专利省(自治区、直辖市)为北京市、上海市、湖南省、江苏省等。其中,北京市、上海市中国专利银奖(煤炭类)数量最多,均为 2 项。通过进一步统计发现,在每届中国专利银奖获奖专利中,全国煤炭行业相关专利占比不足 4%,如图 5-5 所示。

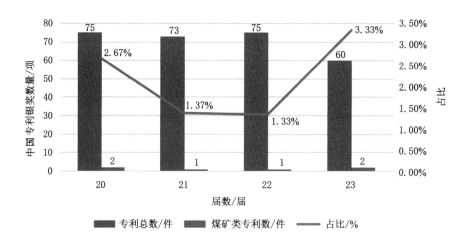

图 5-5　第 20—23 届中国专利银奖(煤炭类)获奖数量统计

5.1.3　中国专利优秀奖(煤炭类)获奖情况分析

中国专利优秀奖于第 10 届开始设立。自第 10 届至第 23 届,全国煤炭行业荣获中国专利优秀奖 236 项,其占比3.44%,平均每届获奖数量为 16.9 项,如图 5-6 所示。通过进一步分析发现,每一届全国煤炭行业荣获中国专利优秀奖的专利的数量占比不足 6%。全国煤炭行业中国专利优秀奖获奖专利数量最多的届数为第 22 届,其数量占比 5.90%;其次为第 23 届,其数量占比 5.69%;其他届专利数量占比均不足 4%。

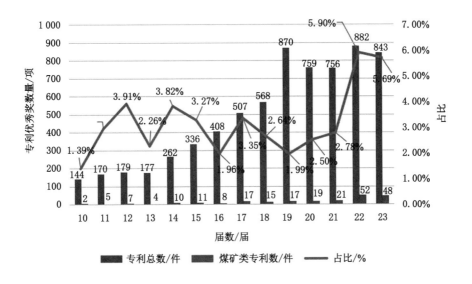

图 5-6 第 10—23 届中国专利优秀奖(煤炭类)获奖数量统计

5.2 贵州省煤炭行业中国专利奖获奖存在问题分析与对策研究

5.2.1 存在问题

全国煤炭行业荣获中国专利金奖、中国专利银奖的专利大部分为发明专利,且其在采煤方法与工艺、煤矿机械领域居多。全国煤炭行业获得的中国专利金奖、中国专利银奖的专利数量占比比较低。这既是全国煤炭行业中国专利奖获奖方面存在的共性问题,又是贵州省煤炭行业中国专利奖获奖方面存在的突出问题。并且,迄今为止,贵州省煤炭行业从未获得"中国专利金奖""中国专利银奖"。

5.2.2　解决对策

贵州省煤炭行业应立足自身特殊的煤炭开采条件与开采方式,注重采煤方法与工艺、煤矿机械等领域的技术研发,力争未来实现中国专利金奖或中国专利银奖零突破。

知识产权创造能力不足、知识产权运用效果不显著、知识产权保护能力较弱、知识产权管理机制不健全等是全国煤炭行业知识产权发展存在的普遍问题。本章主要分析了贵州省煤炭行业知识产权发展的瓶颈问题，提出了相对应的解决方法。

第6章　贵州省煤炭行业知识产权发展瓶颈及对策措施

通过对 2022 年贵州省煤炭行业知识产权(专利)成果进行总结和分析,了解了贵州省煤炭行业知识产权发展的基本现状和态势,同时发现了贵州省煤炭行业知识产权发展瓶颈。

6.1　贵州省煤炭行业知识产权发展瓶颈

贵州省煤炭行业知识产权发展瓶颈具体如下所述。

(1)贵州省煤炭行业专利奖获奖数量少,知识产权转化率较低

2011—2021 年我国共评出中国专利金奖 205 项,而这 205 项中国专利金奖未有一项属于贵州煤炭行业。通过查询 2017—2021 年中国统计年鉴可知,2016—2020 年贵州省每年专利授权数占全国专利授权数的比例仅为 0.838%,不到 1%,如图 6-1 所示。

图 6-1　2016—2020 年全国及贵州省专利授权数量统计

以贵州采矿业为例,2018—2021 年有效发明专利总数占比起伏不定且有效实用新型发明专利总数占比呈逐年降低趋势;深入分析可知,每年贵州省采矿业总有效专利总数所占比例总体不到3%,如图 6-2 和图 6-3 所示。

当前贵州省煤炭行业知识产权利用率和转化率较低,相关企业缺乏申报新专利的积极性。贵州煤矿在局部通风方面几乎全部采用压入式通风,整个掘进巷道都充满污风;当采掘作业时,粉尘浓度很难被控制在国家标准规定的限值以下。澳大利亚和日本煤矿较多使用抽出式通风技术,该技术能有效降低煤矿井下作业点的粉尘浓度,也具有较好的安全性。

（2）贵州省能源领域科技发展不足,科技研发尚需加强

西南天地煤机装备制造有限公司是中国煤炭科工集团于2011 年在贵州省六盘水市动工兴建、投资控股成立的煤矿成套装备制造与维修、科研及技术服务的企业。当时贵州省煤炭行业发

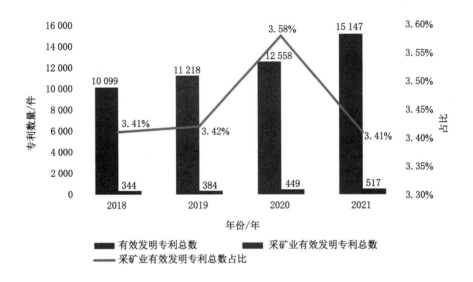

图 6-2　2018—2021 年贵州省采矿业有效发明专利数量统计

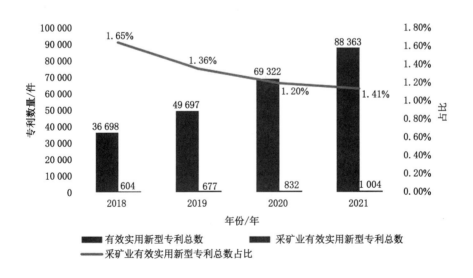

图 6-3　2018—2021 年贵州省采矿业有效实用新型专利数量统计

展处于寒冬期,该公司因某些原因未能持续在贵州发展,最终"关门大吉",给贵州能源领域发展带来了一定的损失。

现如今,国家针对数字资源实施了"东数西算"的战略性工程,虽然可缓解东部能源紧张问题且为西部发展开辟一条新路,但是显现出贵州省在数字资源方面处于储存角色,即贵州省在科学技术开发方面尚需加强。

(3)贵州省能源领域知识产权管理机制不健全,煤炭资源存在一定掠夺式开采

目前,国家能源局、中国煤炭科工集团有限公司、安徽淮化集团有限公司等均有专属的知识产权机构,而贵州省能源局等能源领域企事业单位均未有专属的知识产权机构。贵州省能源领域应加强知识产权管理,重视能源领域知识产权人才队伍建设。

非贵州煤矿企业将煤炭作为初加工品进行掠夺式开采并追求利润最大化,对开采过程中应该转化或能够转化的专利并不上心。在贵州采矿活动过程中发现的能够进行革新的理论、技术工艺、装备等进行发明创造或改装等而衍生出一系列知识产权,但其归属权在其所属省份而与贵州无缘。贵州省能源领域应加强知识产权保护,避免掠夺式开采。

(4)煤炭企业开展知识产权成果转化内生动力不足,煤炭行业知识产权交易平台和渠道不够完善

2022年贵州省煤炭行业相关专利转让共计9件,其中转让人类型为企业的有4件、为个人的有5件,受让人类型均为企业;从专利类型来看,发明专利有4件,实用新型专利有5件。从总体上看,贵州煤炭行业专利转化比例不高,2022年贵州省煤炭行业

专利授权 466 件,转让仅 9 件(仅占 1.93%)。

贵州省内煤炭赋存条件复杂、地质构造发育、煤层瓦斯含量高、煤矿产能和生产装备差异大。煤炭行业专利等知识产权成果在为企业赋能增效方面产生的效果并不突出,这导致煤炭企业开展知识产权成果转化内生动力不足。目前贵州省内未搭建专门的煤炭领域知识产权交易平台,导致一方面大量专利找不到受让人,另一方面大量煤炭企业找不到自己所需的专利。

6.2　贵州省煤炭行业知识产权发展对策

结合碳达峰碳中和目标,依据贵州省煤炭行业知识产权发展现状,可以采取以下措施来促进贵州省煤炭行业知识产权发展。

(1)发挥"政产学研用"机制,丰富和发展采矿理论与方法

截至 2021 年底,全国有 431 个智能化采煤工作面,而贵州省仅有 24 个智能化采煤工作面。贵州省煤炭行业新成果或专利转化情况更是为数不多。贵州省煤炭行业不仅应加大智能化采煤工作面的研发投入,还应引进智能化采掘装备生产线。

通过"政产学研用"机制打破煤矿企业人员陈旧采矿理念,加大煤矿智能化建设,坚持走绿色、科学采矿道路,形成一系列具有"贵州品格"的发明专利、实用新型专利、外观设计专利、软件著作权等。政府应做好对煤炭行业新技术、新方法的奖励及对高水平专利的维护等工作;引导产业人员了解新技术。相关科研院校持续发挥新技术、新方法的牵引作用。相关研究院应发挥好高校与

产业单位连接的桥梁作用。

（2）充分利用"揭榜挂帅"激励方式,解决贵州省煤炭行业知识产权发展中的重大问题

贵州省煤炭产业是中国能源重要支撑,也是西南三省煤炭产业的中流砥柱。当前,贵州省煤炭行业比任何时候更迫切需求高水平知识产权。例如,2022 年 2 月 25 日贵州省贞丰县三河顺勋煤矿发生顶板垮塌事故,这造成 14 人死亡。该煤矿未装备新型支护材料,未使用安全监测监控系统、人员定位系统等相关的智能化、信息化设备和技术,仅进行掠夺性开采,进而导致这起特大事故。这起事故严重损坏贵州省的安全生产形象。

每年 4 月 26 日是世界知识产权日。贵州省可以以此为契机召开贵州省煤炭行业知识产权转化及应用博览会,丰富和拓展煤炭行业工作者的智慧与眼界。在博览会上,可以采用"揭榜挂帅"方式面向全社会征集可在贵州煤炭产业落地的"卡脖子"补短板关键核心知识产权项目。相关知识产权项目被认定后,省级财政应给予专项资金支持。

（3）加强贵州省煤炭能源领域知识产权国际化合作,落实"知识产权万吨人员设置率与万吨贡献率",促进知识产权高效转化

世界五大知识产权局(中国国家知识产权局、欧洲专利局、日本特许厅、韩国特许厅和美国专利商标局)的专利制度都是基于先申请原则,并遵循《巴黎公约》,这在很大程度上推动了专利制度在全球范围内使用。贵州省知识产权管理机构应加强与外国知识产权管理机构密切联系,建立相应沟通机制,深入参与全球知识产权治理体系。通过参与国际事务,大幅提高贵州省知识产

权管理机构在全球知识产权事务中的话语权和影响力,进而加强贵州省煤炭能源领域知识产权国际化合作。

贵州省煤炭行业知识产权管理人员比例可按"知识产权人员万吨设置率"标准进行设置,即每采煤 10 万吨设置 1 位知识产权人员。其他省在贵州省的煤炭生产企业必须强化贵州省煤炭行业知识产权"原地转化""原地建厂""原地制造""原地采供"及"原地利用"的全链条成果应用及转化。要求采煤吨数 1 万以上 10 万以下的煤炭生产企业,每 1 万吨贡献 1 个实用新型专利;采煤吨数 10 万吨以上 1 000 万吨以下的,每 10 万吨贡献 1 个发明专利;采煤吨数高于 1 000 万吨的,至少申报 1 项中国专利金奖。

通过查询中国统计年鉴 2021 年得知,2015—2019 年中国煤炭占能源消费总量比例呈下降趋势,而煤炭消费量整体呈上升趋势,如图 6-4 所示。煤炭需求属于刚性需求,煤炭将长期作为我国主导能源。加强贵州省煤炭能源领域知识产权国际化合作,落实"知识产权万吨人员设置率与万吨贡献率",促进知识产权高效转化。

(4)搭建和完善煤炭行业知识产权交易平台和渠道

贵州省内能源和知识产权管理部门,可以牵头搭建一个专门的煤炭行业知识产权交易网络平台,这可以避免煤矿企业从海量专利库中检索自己想要的专利。

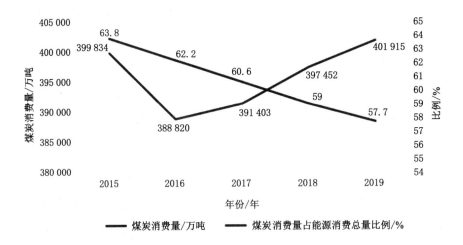

图 6-4   2015—2019 年我国煤炭消费量与煤炭消费量

占能源消费总量比例情况

本章主要收录了煤炭行业中国专利奖获奖清单。在这份清单里，可以详细看到获得中国专利奖的专利号、专利名称、专利权人、发明人、奖项名称、时间等信息。

附　　录

附录 1　煤炭行业中国专利奖清单

煤炭行业中国专利奖清单见附表 1。

附表 1　煤炭行业中国专利奖统计

序号	专利号	专利名称	专利权人	发明人	奖项	届数	年份
1	CN85109436	带火焰稳定器的煤粉燃烧器	清华大学	徐旭常、王云山	专利奖	1	1989
2	85100399	新型粉状硝铵炸药的制造方法与工艺	冶金工业部长沙矿冶研究院	洪有秋等	专利奖	2	1991

附表1(续)

序号	专利号	专利名称	专利权人	发明人	奖项	届数	年份
3	91105899.0	双一次风通道煤粉主燃烧器及设计和改造四角切向燃烧器的方法	清华大学、哈尔滨锅炉厂、福建永安火电厂	傅维镳等	专利奖	4	1995
4	ZL99112531.2	一种低位放顶煤液压支架	兖矿能源集团有限公司、煤炭科学研究总院北京开采研究所	谢斌、乔秀蕊、孟凡增、曹铁生、潘庆琦、刘九丰、王恩鹏、胡万昌、曾明胜	优秀奖	9	2005
5	ZL98110616.1	多喷嘴对置式水煤浆或煤粉气化炉及其应用	华东理工大学、水煤浆气化及煤化工国家工程研究中心	于遵宏、龚欣、吴韬、王辅臣、于广锁、潭群钊	优秀奖	10	2007
6	ZL200510044290.0	煤矿瓦斯与细水雾混合输送方法及装置	胜利油田胜利动力机械集团有限公司	陈宜亮、马晓钟、孙佳俊、齐志军、张华儒	优秀奖	11	2009
7	ZL98111185.8	预测含气煤岩砼灾害的方法及装置	中国矿业大学	何学秋、王恩元、钱建生、刘富强、刘贞堂、陈治国	优秀奖	11	2009

序号	专利号	专利名称	专利权人	发明人	奖项	届数	年份
8	ZL200610012308.3	煤矿用防爆式支架搬运车	煤炭科学研究总院太原分院	雷煌、王步康、王明普、马涛、金江、常凯、丁永成、赵明岗、柳玉龙、周旭、刘惠莉、年魁、李文军、刘希望、王文华、张春英、刘映刚、张福祥、仇卫健、马凯	优秀奖	11	2009
9	ZL03157066.6	干法分选床、采用该分选床的复合式干法分选机及分选装置	唐山市神州机械有限公司	李功民、杨云松	优秀奖	12	2010
10	ZL200710012409.5	硬岩掘进机	三一重型装备有限公司	李恩龙、梁坚毅、侯宝革、刘德林、牟东	优秀奖	12	2010
11	ZL200410093976.4	双质体稳定节能筛	天津大学、平顶山天安煤业股份有限公司田庄选煤厂	陈予恕、曹树谦、高亚平、林建	优秀奖	12	2010
12	ZL200710099134.3	循环煤流化床煤气发生炉系统	广东科达机电股份有限公司、安徽科达洁能股份有限公司	谢志平	优秀奖	13	2011

附表1(续)

序号	专利号	专利名称	专利权人	发明人	奖项	届数	年份
13	ZL200610047805.7	高强磁煤用重介质磁选机	抚顺隆基电磁科技有限公司	张承臣、李恒盛、朱春生、殷胜民	优秀奖	13	2011
14	ZL200710179466.2	双伸缩立柱全能升柱系统及矿用液压支架	中煤北京煤矿机械有限责任公司	胡志永、王建	优秀奖	13	2011
15	ZL200410036476.7	电液控制放顶煤方法及其液压支架	兖州煤业股份有限公司	杨德玉、金太、来存良、李佃平、李正龙、孟祥军、韩纪志、谢强珍、刑士军、张善波、吕迎春	优秀奖	13	2011
16	ZL200730285323.0	巷道掘进机	三一重型装备有限公司	毛中吾、汪晓光、刘华、陈慧丹	外观设计金奖	13	2011
17	ZL200710018440.X	履带式全液压坑道钻机	煤炭科学研究总院西安研究院	殷新胜、田宏亮、姚克、孙保山、邹迪	优秀奖	14	2012
18	ZL200710119756.8	矿山充填设备	中国恩菲工程技术有限公司	于润仓、施士虎、张敬、李浩宇	优秀奖	14	2012
19	ZL200710193412.1	煤矿低浓度瓦斯安全输送方法及输送系统	淮南矿业(集团)有限责任公司	袁亮、金学玉、范辰东	优秀奖	14	2012

序号	专利号	专利名称	专利权人	发明人	奖项	届数	年份
20	ZL200710157712.4	智能型全自动联合采煤系统	三一重型装备有限公司	黄向阳、周万春、吴佳梁、梁坚毅、李勇、贾承志、陈锷、尹力、张天然、金全、刘召安、刘文东、丁少华、佟海龙、刘华	优秀奖	14	2012
21	ZL200810226662.5	复合护帮液压支架及其应用	中煤北京煤矿机械有限责任公司	包冬生、刘国柱、张守祥、王建、陈宇、钱建钢、仲丛和	优秀奖	14	2012
22	ZL200510080337.9	一种中小型工业煤粉锅炉系统	煤炭科学研究总院北京煤化工研究分院	王乃继、纪任山、王昕、麻林、何海军、范玮、肖翠微、冀飞、高明山	优秀奖	14	2012
23	ZL200410070249.6	一种煤炭直接液化的方法	神华集团有限责任公司、中国神华煤制油化工有限公司	张玉卓、舒歌平、金嘉璐、崔民利、吴秀章、任相坤、徐耀武、梁仕普、黄剑薇、袁明、高聚忠、朱豫飞	金奖	14	2012

附表1(续)

序号	专利号	专利名称	专利权人	发明人	奖项	届数	年份
24	ZL201230008092.X	采煤机	三一重型装备有限公司	黄向阳、苑雪涛、陈锷、郎国军、成文广、尹力、李占权、严海纲、杨瑞峰、申磊、李庆茹、栾薇薇、陈艳秋、王丹玉、蒋卫卫	外观设计优秀奖	15	2013
25	ZL200410043708.1	中高温煤焦油加氢裂化工艺	陕西煤业化工集团神木天元化工有限公司	王守峰、吕子胜	优秀奖	15	2013
26	ZL201110279898.7	井下可移动分体式救生舱系统	煤炭科学研究总院沈阳研究院	王建国、李长录、刘景顺、张志强、马丽娟、付文俊、祝海锋、李中求、许健、尹瑞光	优秀奖	15	2013
27	ZL200910182119.4	高压射流钻割一体化卸压防突方法	中国矿业大学	林柏泉、翟成、吴海进、张连军、杨威	优秀奖	15	2013
28	ZL200710061571.6	一种煤矿井下短臂采煤铲车	煤炭科学研究总院太原分院、煤炭科学研究总院山西煤机装备有限公司	张国栋、李春英、赵瑞萍、金江、王德光、石岚、石涛、袁晓明、侯林、王勇、侯胜光、李辉、张学荣、王喜胜、代立明、李宁廷、王花鱼、张雷	优秀奖	15	2013

序号	专利号	专利名称	专利权人	发明人	奖项	届数	年份
29	ZL03153377.9	一种高分散铁基煤直接液化催化剂及其制备方法	煤炭科学研究总院北京煤化工研究分院	舒歌平、李文博、史士东、李克健、吴春来、周铭、杜淑凤、霍卫东、何平	优秀奖	15	2013
30	ZL200710024859.6	沿空留巷Y型通风采空区顶板卸压瓦斯抽采的方法	淮南矿业（集团）有限责任公司、安徽建筑工业学院、煤矿瓦斯治理国家工程研究中心	袁亮、程桦、李平、张士环、卢平、郑群、周德昶、廖斌琛、柏发松、汪经业、夏抗生、姚尚文	金奖	15	2013
31	ZL200710113441.2	一种用于醋酸、醋酐合成的催化剂体系及其应用	兖矿鲁南化肥厂	吕运江、吴永国、李胜果、陶美玲、孙清涛、张雷	优秀奖	16	2013
32	ZL200710176062.8	煤基直接还原铁转底炉及其燃烧方法	北京神雾环境能源科技集团股份有限公司	吴道洪、谢善清、王东方、阮立明	优秀奖	16	2013
33	ZL201010534232.7	一种矿井提升机恒减速安全制动系统及制动方法	中信重工机械股份有限公司	刘大华、张凤林、王继生、孙富强、张伟、张步斌、赵宝法、朱峰、姜海涛、程爱学、吕翔	优秀奖	16	2013

附表1(续)

序号	专利号	专利名称	专利权人	发明人	奖项	届数	年份
34	ZL201110242229.2	一种刨煤机液压支架自动移架方法、装置及系统	三一重型装备有限公司	吴青、李勇、宫富章	优秀奖	16	2013
35	ZL200910182752.3	一种区域瓦斯治理钻爆压抽一体化防突方法	中国矿业大学	林柏泉、杨威、郝志勇、翟成	优秀奖	16	2013
36	ZL201110184606.1	煤基甲醇制丙烯工艺中失活催化剂的再生方法	神华集团有限责任公司、神华宁夏煤业集团有限责任公司、中国石油大学(北京)	姚敏、焦洪桥、罗春桃、张伟、张堃、王峰、雍晓静、王军、袁玉龙、窦涛、巩雁军、温鹏宇	优秀奖	16	2013
37	ZL200710188396.7	一种利用低阶煤制备高浓度水煤浆的方法	煤炭科学技术研究院有限公司	何国锋、史明志、段清兵、王国房、贾传凯、梁兴、纪磊、刘解、王秀月、郭志新、张胜局、颜淑娟、莫日根、刘烨炜、杜丽伟、张桂玲、孙海勇、温泉、苏鑫、徐明磊、张静	优秀奖	17	2015

序号	专利号	专利名称	专利权人	发明人	奖项	届数	年份
38	ZL201210118072.7	一种煤矿瓦斯抽采管道电液联动快速截止阀	煤炭科学研究总院沈阳研究院	祝钊、孙凡、赵克涛、王国辉、冯智鹏、陈骋、王启明、白雪	优秀奖	17	2015
39	ZL201120402666.1	一种液压支架试验台	煤炭科学技术研究院有限公司	刘金国、刘欣科、王勇、翟京、沙宝银、孙红波	优秀奖	17	2015
40	ZL201110331711.3	用于液压支架自动焊接的双面装卡工件的变位装置	山西晋煤集团金鼎煤机矿业有限责任公司	赵旭东、赵喜增、张成成、卞卫忠、张志鹏	优秀奖	17	2015
41	ZL201110182517.3	煤基甲醇制烯工艺中激冷系统油水分离方法及其装置	神华集团有限责任公司、神华宁夏煤业集团有限责任公司、中国寰球工程公司	袁玉龙、钱效南、王军、许贤文、陈四仿、李云、马文瑞、王勇、张勇、岳国印、关翀	优秀奖	17	2015
42	ZL201110180117.9	综放工作面后部输送机交叉侧卸布置配套方式与支架结构	天地科技股份有限公司、兖州煤业股份有限公司	李位民、王国法、金太、李明忠、时成忠、吴立忠、孟祥军、王彪谋、张崇宏、胡万昌、刘健、王春生、刘壮、冯立友、亓玉浩、任怀伟	优秀奖	17	2015

附表1(续)

序号	专利号	专利名称	专利权人	发明人	奖项	届数	年份
43	ZL201110178442.1	用于矿用液压支架立柱的激光熔覆方法	山东能源重装集团大族再制造有限公司、山东能源重型装备制造集团有限责任公司	李希勇、周峰、杨庆东、张延亮、苏伦昌、董春春、澹台凡亮	优秀奖	17	2015
44	ZL200910182117.5	突出危险煤层石门快速揭煤方法	中国矿业大学	林柏泉、吴海进、杨威、翟成	优秀奖	17	2015
45	ZL200610135089.8	大坡度掘进机	三一重型装备有限公司	侯宝革、梁坚毅、李恩龙、史成建、陈锷、王志刚	优秀奖	17	2015
46	ZL200710019307.6	双组超静定网梁激振板块式组合承重梁特大型振动筛	中国矿业大学	赵跃民、张成勇	优秀奖	17	2015
47	ZL200910083047.8	一种活性焦及其制备方法和应用	煤炭科学技术研究院有限公司	梁大明、孙仲超、李兰廷、李雪飞、夏景源、董卫果、刘春兰、国晖、王鹏、邓一英、文芳、熊银武、李艳芳、王岭	优秀奖	17	2015

序号	专利号	专利名称	专利权人	发明人	奖项	届数	年份
48	ZL200910185319.5	一种采空区袋式充填方法	冀中能源邯郸矿业集团有限公司、中国矿业大学	孙春东、李凤凯、冯光明、胡海江、韩晓东	优秀奖	17	2015
49	ZL201210134162.5	一种矿井地下水的分布式利用方法	中国神华能源股份有限公司、中国矿业大学（北京）	顾大钊、张凯、陈苏社、魏文玉、杨峰	金奖	17	2015
50	ZL201210359641.7	深部软岩巷道三维预应力钢绞线壁后充填支架支护体系	山东大学	李术才,王琦,李为腾,王富奇,苗素军,王德超,王洪涛,张波,李智	优秀奖	18	2016
51	ZL201310202102.7	一种矿区分布式煤矿抽采瓦斯热电冷多联产能源系统	中国矿业大学	林柏泉,李庆钊	优秀奖	18	2016
52	ZL201310051688.1	改性 HZSM-5 分子筛催化剂的制备方法及该催化剂	神华集团有限责任公司,神华宁夏煤业集团有限责任公司	姚敏,刘万州,王峰,焦洪桥,罗春桃,张建寿,艾宇廉,雍晓静	优秀奖	18	2016

附表1(续)

序号	专利号	专利名称	专利权人	发明人	奖项	届数	年份
53	ZL201310001976.6	二氧化碳开采器	煤炭科学技术研究院有限公司	霍中刚,温良,倪昊,黄圆月,孙小明,尹岚岚	优秀奖	18	2016
54	ZL201210291852.1	正负压联合栓流定点取样装置	中煤科工集团重庆研究院有限公司	胡千庭,文光才,隆清明,王艺树,康建宁,刘胜,李秋林,吴教锟,吕贵春,马代辉,张淑同,刘志伟,黄长国、李建功,张睿	优秀奖	18	2016
55	ZL201210070767.2	一种巷道超静定防冲四维支护装置及其支护方法	中国矿业大学	马占国,张帆,马云靖	优秀奖	18	2016
56	ZL201010107217.4	一种磁悬浮陀螺全站仪	长安大学	杨志强,杨建华,石震,杨帅	优秀奖	18	2016
57	ZL200910033721.1	一种采煤固体物充填方法	中国矿业大学,江苏中矿立兴能源科技有限公司	缪协兴,张吉雄,周楠,巨峰,黄艳利	优秀奖	18	2016
58	ZL200810230940.4	煤矿井下钻孔水力压裂增透抽采瓦斯工艺	河南理工大学	苏现波,刘晓,倪小明,郭红玉,林晓英,宋金星	优秀奖	18	2016

序号	专利号	专利名称	专利权人	发明人	奖项	届数	年份
59	ZL03151108.2	一种微球状费托合成铁基催化剂及其制备方法	上海兖矿能源科技研发有限公司	孙启文,耿加怀,王信,张高博,杨文书,周标	优秀奖	18	2016
60	ZL01135221.3	利用煤矸石制造硅酸铝陶瓷纤维的方法及其应用	山东鲁阳股份有限公司	鹿成洪,鹿成会,任大贵,苗海波,李京友	优秀奖	18	2016
61	ZL201310429644.8	矿山井下导水构造带的探测定位方法	中国华冶科工集团有限公司	何磊,张连恒,马银	优秀奖	19	2017
62	ZL201210518327.9	一种费托合成废水在煤炭间接液化生产中循环利用系统及方法	内蒙古伊泰煤制油有限责任公司	何银宝,毕冬冬,徐延鹏	优秀奖	19	2017
63	ZL201410531367.6	一种用于气流床气化炉的粉煤燃烧器	科林未来能源技术(北京)有限公司	单育兵,张亚红	优秀奖	19	2017
64	ZL201210348378.1	深长非线性钻孔孔内远距离封孔分段注浆系统及工艺	山东能源集团有限公司	翟明华,李术才,卜昌森,孙春江,李伟,郭信山,刘人太	优秀奖	19	2017

序号	专利号	专利名称	专利权人	发明人	奖项	届数	年份
65	ZL200910187607.4	油页岩干馏回收工艺	抚顺矿业集团有限责任公司	韩放,鲍明福,高健,星大松,陈胜中,许辉,曲羡,李柏,魏永臣,张晶,陈维思	优秀奖	19	2017
66	ZL200810157532.0	一种醋酸脱碘精制方法	兖矿鲁南化工有限公司,兖矿集团有限公司	张志伟,李志远,裴学成,孙永奎,李智,吴旭,李涛	优秀奖	19	2017
67	ZL201410245594.2	一种在线/离线煤层瓦斯压力监测分析系统	煤炭科学技术研究院有限公司	常未斌,张浪,张辉,汪东,安赛,孙晓军,潘多伟,季文博	优秀奖	19	2017
68	ZL201010234399.1	远程控制的井下瓦斯抽采钻机	中煤科工集团重庆研究院有限公司	刁文庆,王清峰,陈松林,鲁远祥,辛德忠,万军,李文树,肖玉清,黄昌文,陈久福,罗明华,王宇,蒲剑,陶勇,陈小平,杨燕鸽,薛彦波	优秀奖	19	2017
69	ZL201010268446.4	地面钻井套管变形破坏安全性分析方法及分析系统	中煤科工集团重庆研究院有限公司	林府进,孙海涛,陈金华,李日富,孙炳兴	优秀奖	19	2017

序号	专利号	专利名称	专利权人	发明人	奖项	届数	年份
70	ZL201510106828.X	巨厚坚硬顶板高瓦斯厚煤层顶板控制和提高瓦斯抽放效率的方法及钻孔机具	中国矿业大学（北京）	岳中文,许鹏,杨仁树,宋俊生,胡少银,张继兵,魏廷双,李清	优秀奖	19	2017
71	ZL201410526314.5	一种固体充填与综采混合式工作面开采方法	中国矿业大学,徐州中矿贝壳迈宁矿业科技有限公司	张吉雄,张强,巨峰,李剑,殷伟,赵叙	优秀奖	19	2017
72	ZL201310052598.4	煤矿机电设备数据采集解析网关	中国矿业大学	夏士雄,陈朋朋,肖硕	优秀奖	19	2017
73	ZL201310598737.3	一种大吨位窄长外动力式曲轨卸载箕斗	徐州煤矿安全设备制造有限公司,中国矿业大学	朱真才,胡长华,周公博,曹国华,李伟,陈国安,彭玉兴,杜庆永	优秀奖	19	2017
74	ZL201310556488.1	一种旋流干煤粉气化炉	神华集团有限责任公司,神华宁夏煤业集团有限责任公司	姚敏,马银剑,罗春桃,黄斌,井云环,徐才福,张志华,杨巍巍,赵涛	优秀奖	19	2017

附表1(续)

序号	专利号	专利名称	专利权人	发明人	奖项	届数	年份
75	ZL201510124952.9	活性焦/炭烟气脱硫及解吸集成系统	中冶华天工程技术有限公司,中冶华天(安徽)	王浩,詹茂华,陆培兴	优秀奖	20	2018
76	ZL201410294510.4	掘采设备	三一重型装备有限公司	侯宝革,牛建强,吴海岭	优秀奖	20	2018
77	ZL201410252808.9	一种以炼焦用煤镜质组反射率为主要指标	鞍钢股份有限公司	庞克亮,王明国,赵恒波,郑晓蕾,栗红,刘冬杰	优秀奖	20	2018
78	ZL201310158624.1	煤层气专用的基于甲醇气态回收的恒温露点控制橇装装置	中国石油天然气股份有限公司,中石油煤层气有限责任公司,北京迪威尔石油天然气技术开发有限公司	王予新,刘世泽,张莹,綦晓东,胡成勇,王亚彬,周岩	优秀奖	20	2018
79	ZL201510812138.6	雾化喷嘴及固定床	神华集团有限责任公司,神华宁夏煤业集团有限责任公司,中国船舶重工集团公司第七一一研究所	庄壮,匡建平,雍晓静,梁健,罗春桃,张世程,苏慧,江永军,王峰,张伟	优秀奖	20	2018

序号	专利号	专利名称	专利权人	发明人	奖项	届数	年份
80	ZL201410784028.9	一种基于地基合成孔径雷达的边坡安全监测预警方法	中国安全生产科学研究院	王彦平,王云海,马海涛,谭维贤,张兴凯,洪文,于正兴,杨晓琳,岳康,谢旭阳,梅国栋	优秀奖	20	2018
81	ZL201410334414.8	一种高瓦斯煤层冲割压抽一体化的卸压增透瓦斯抽采方法	中国矿业大学	林柏泉,杨威,李贺	优秀奖	20	2018
82	ZL201410051006.1	瓦斯预抽钻孔煤屑回填封孔方法	河南理工大学	李辉,魏建平	优秀奖	20	2018
83	ZL201310701594.4	无底柱分段崩落法采矿中段平稳转换方法	中国华冶科工集团有限公司	李海亮,吕保,李振林,杜兴光	优秀奖	20	2018
84	ZL201210096577.8	煤矿巷道卸压水力压裂方法及装置	天地科技股份有限公司	康红普,冯彦军,吴拥政	优秀奖	20	2018
85	ZL200810106373.1	一种超大采高液压支架	天地科技股份有限公司	王国法,曾明胜,马端志,袁晓东,张银亮,宋智鹰,牛艳奇,孟传明	优秀奖	20	2018

附表1(续)

序号	专利号	专利名称	专利权人	发明人	奖项	届数	年份
86	ZL03151109.0	一种连续操作的气液固三相浆态床工业反应器	上海兖矿能源科技研发有限公司	孙启文,朱继承,耿加怀,王信,韩晖	银奖	20	2018
87	ZL201310178987.1	采集时间控制模式下的多线程数据采集系统同步控制方法	中国矿业大学(北京),彭苏萍,许献磊,杨峰,杜翠,彭猛	彭苏萍,许献磊,杨峰,杜翠,彭猛	金奖	20	2018
88	ZL200610068517.X	矿用智能型乳化液泵站	山东名盾防爆装备科技有限公司	冯宝令,李金宝,李柏林,王志涛	优秀奖	21	2020
89	ZL200610048298.9	一种甲醇一步法制取烃类产品的工艺	中国科学院山西煤炭化学研究所,赛鼎工程有限公司,云南煤化工集团有限公司	李文怀,张庆庚,胡津仙,潘国平,程建斌,袁斌,杨挺,张侃,张建得,方勇	优秀奖	21	2020
90	ZL201710099225.0	一种矿用全断面硬岩掘进机及其循环掘进方法	淮南矿业(集团)有限责任公司	唐永志,曹承平,温福平,张继兵,王传兵,唐彬,陈元新,王要平,王成博,赵先发,张俊卿,程志,侯俊领	优秀奖	21	2020

序号	专利号	专利名称	专利权人	发明人	奖项	届数	年份
91	ZL201510116512.9	一种柱旁双侧部分充填上行复采蹬空煤层的方法	太原理工大学	冯国瑞,白锦文,李振,张玉江,戚庭野,郭军,张钰亭,康立勋	优秀奖	21	2020
92	ZL201410236421.4	累积变形加载真三轴试验箱	山东科技大学	陈绍杰,王怀远,闵瑞,刘小岩,尹大伟,朱彦	优秀奖	21	2020
93	ZL201510819633.X	一种煤炭全粒级干法分选洁净工艺及系统	中国矿业大学	赵跃民,张博,段晨龙,骆振福,周恩会,杨旭亮,宋树磊	优秀奖	21	2020
94	ZL201510178701.9	大坡度顺槽迈步自移设备列车	中国煤炭科工集团太原研究院有限公司,山西天地煤机装备有限公司	李刚,宋涛,宋德军,张银星,闫殿华,周凯,赵建武,赵帅,朱天龙,李莉,杨晓明,郭文孝,郭振兴,陈明程	优秀奖	21	2020
95	ZL201110026900.X	一种煤层底板注浆加固水平定向钻孔的施工方法	中煤科工集团西安研究院有限公司	董书宁,李泉新,石智军,张壮路,史海岐,张宏钧	优秀奖	21	2020

序号	专利号	专利名称	专利权人	发明人	奖项	届数	年份
96	ZL201410307419.1	一种用于测试锚杆综合力学性能的试验台及测试方法	天地科技股份有限公司	康红普,杨景贺,林健,吕华文,吴拥政,高富强,邵培森	优秀奖	21	2020
97	ZL201510535353.6	一种纯水介质综采工作面支护系统	三一重型装备有限公司,中国神华能源股份有限公司神东煤炭分公司	李东,王海军,李勇,陈锷,刘文东	优秀奖	21	2020
98	ZL201510965171.2	一种气化炉用煤的配煤方法	神华集团有限责任公司,神华宁夏煤业集团有限责任公司	杨磊,井云环,焦洪桥,罗春桃,马乐波,夏支文,杨英	优秀奖	21	2020
99	ZL201510856571.X	一种脱硝催化剂的再生方法和一种再生脱硝催化剂及其应用	国家能源投资集团有限责任公司,北京低碳清洁能源研究院	王宝冬,何发泉,林德海,马少丹,马子然,马静,孙琦	银奖	21	2020
100	ZL201110157137.4	恒阻大变形缆索及其恒阻装置	中国矿业大学(北京)	何满潮,陶志刚,张斌	金奖	21	2020

序号	专利号	专利名称	专利权人	发明人	奖项	届数	年份
101	ZL200810054738.0	一种采煤掘进机的齿轮齿条式回转装置	中国煤炭科工集团太原研究院有限公司、山西天地煤机装备有限公司	王学成、高伟、郝建生	优秀奖	22	2021
102	ZL201110442604.8	矿用挖掘机及其回转滚动支撑装置	太原重工股份有限公司	张永明、王晓明、毛瑞、李洪	优秀奖	22	2021
103	ZL201310317306.5	一种利用旋转风生成器生成旋转风的方法	新汶矿业集团有限责任公司	耿华锋	优秀奖	22	2021
104	ZL201410164024.0	一种带有机废水处理的干煤粉加压气化装置	华能(天津)煤气化发电有限公司	许世森、陶继业、夏军仓、任永强、李小宇、李广宇、王恩民、刘刚、刘沅、陈智、缑志斌	优秀奖	22	2021
105	ZL201510408754.5	一种制备气化水煤浆的方法	中煤科工清洁能源股份有限公司	何国锋、段清兵、吕向阳、张胜局	优秀奖	22	2021
106	ZL201510570862.2	一种锚索锚固增效方法及其结构	河南理工大学	贾后省、朱乾坤、付孟雄、李文彬、罗亚飞	优秀奖	22	2021

附表1(续)

序号	专利号	专利名称	专利权人	发明人	奖项	届数	年份
107	ZL201510598583.7	一种数字式矿用安全监控系统	煤炭科学技术研究院有限公司	温良、魏峰、孟庆勇、李晨鑫、叶锦娇、苗可彬、韩阳、张子良、贾晓娣	优秀奖	22	2021
108	ZL201610749097.5	煤矿瓦斯灾害监控预警系统及预警方法	中煤科工集团重庆研究院有限公司	赵旭生、张庆华、宁小亮、李明建、马国龙、崔俊飞、岳俊、谈国文、刁勇、唐韩英、梁军、蒲阳、和树栋	优秀奖	22	2021
109	ZL201710612842.6	湿式静电除尘柔性纤维织物、收尘极板及湿式静电除尘器	国家能源投资集团有限责任公司、中国节能减排有限公司、山东神华山大能源环境有限公司	王树民、赵剑、张波、沈荣胜	优秀奖	22	2021
110	ZL201811075888.X	一种智能自适应超前液压支架	中煤科工开采研究院有限公司	庞义辉、刘新华、任怀伟、马英、姜鹏飞、文治国、赵国瑞、杜毅博	优秀奖	22	2021

序号	专利号	专利名称	专利权人	发明人	奖项	届数	年份
111	ZL201811483462.8	一种地下水库坝体及其构筑方法	国家能源投资集团有限责任公司、国能神东煤炭集团有限责任公司、北京低碳清洁能源研究院	李全生、顾大钊、方杰、李捷、张勇、曹志国	金奖	23	2022
112	ZL202030006606.2	薄煤层采煤机	三一重型装备有限公司	马宏志、尹力、邵泽龙、朱涛、李庆茹、李玉标	外观设计银奖	23	2022
113	ZL201010552610.4	一种减压阀及其用途、流体输送系统	国家能源投资集团有限责任公司、中国神华煤制油化工有限公司、中国神华煤制油化工有限公司鄂尔多斯煤制油分公司	赵振秋、舒歌平、宋志平、张继明、章序文、谢瞬敏、赵宏世、安亮、韩来喜、王建立	优秀奖	23	2022
114	ZL201410380442.3	多元燃烧复合型煤气化装置及工艺方法	鲁西集团有限公司	张金成、王富兴、李建华、张海军、邢凤桥、张方涛、马火顺	优秀奖	23	2022

附表1(续)

序号	专利号	专利名称	专利权人	发明人	奖项	届数	年份
115	ZL201410761036.1	多功能巷修一体机	中国煤炭科工集团太原研究院有限公司、山西天地煤机装备有限公司	唐永志、王赟、温建刚、曹海山、宋德军、雷煌、李俊斌、周廷、钱统傲、刘玉波、侯俊领、杨喜、陈永斌、刘磊、刘敏、焦宏章、马丽、徐志刚、马联伟、杨康信	优秀奖	23	2022
116	ZL201510088925.0	一种费托合成系统及方法	神华集团有限责任公司、神华宁夏煤业集团有限责任公司	王峰、焦洪桥、罗春桃、雍晓静	优秀奖	23	2022
117	ZL201610099665.1	智能信息矿灯	煤炭科学技术研究院有限公司	赵华玮、王海军、王喜胜、张德胜、温良、孟庆勇、苗可彬、姜孟冯、黄增波、郑园、叶锦娇、丰颖、张明坤、余博龙	优秀奖	23	2022
118	ZL201610465429.7	碎软煤层井下递进式瓦斯预抽定向孔钻进系统及方法	中煤科工集团西安研究院有限公司	李泉新、方俊、李国富、刘建林、殷新胜、刘飞、许超、冀前辉	优秀奖	23	2022

序号	专利号	专利名称	专利权人	发明人	奖项	届数	年份
119	ZL201710886485.2	一种刚柔耦合弹性杆振动筛	中国矿业大学	赵跃民、江海深、乔金鹏、段晨龙、张成勇、刘初升、武继达、王振乾、周恩会、黄龙、潘森	优秀奖	23	2022
120	ZL201810239634.0	一种燃煤机组调峰瞬态过程煤耗分析方法	西安交通大学	严俊杰、王朝阳、刘明、种道彤	优秀奖	23	2022
121	ZL201810383713.9	液压支架连杆体的自动化拼焊方法	郑州煤矿机械集团股份有限公司	付祖冈、孟贺超、赵旭、程相榜、兰志宇、段青辰、郑风波、韩振仙、李臣阳	优秀奖	23	2022
122	ZL201810947765.4	一种单锚集注式全长锚固的钢丝束及其支护方法	中国矿业大学	张农、谢正正、姚文浩、魏群	优秀奖	23	2022
123	ZL202010330365.6	基于N00工法的极薄煤层长壁开采方法	北京中矿创新联盟能源环境科学研究院	何满潮、王琦、王亚军、刘简宁	金奖	24	2023

附表1(续)

序号	专利号	专利名称	专利权人	发明人	奖项	届数	年份
124	ZL201910020537.7	一种适用于综采工作面的液压支架的循环末阻力预测方法	天地科技股份有限公司	尹希文、徐刚、卢振龙、任艳芳、张震、李正杰、刘前进	银奖	24	2023
125	ZL201310109786.6	一种全方位煤炭分质利用多联产的系统及方法	陕西煤业化工技术研究院有限责任公司	尚建选、徐婕、郑化安、闫小建、张生军、李鑫、侯文杰、杨小彦、张栋博、赵奕程、马勇、贾培军	优秀奖	24	2023
126	ZL201310181785.2	一种酚水水煤浆用木质素系分散剂及其制备方法与应用	华南理工大学、广东工业大学、广东瑞安科技实业有限公司	邱学青、杨东杰、郭闻源、楼宏铭、庞煜霞、李旭昭	优秀奖	24	2023
127	ZL201310646734.2	变频调速的矿用电铲挖掘作业系统及控制方法	太原重工股份有限公司	姚振南、刘晓星、乔建强、吉孟兰、马兵、潘丽珍、岳海峰、范喜斌、毛保健、职彦、王柏强、李芬	优秀奖	24	2023

序号	专利号	专利名称	专利权人	发明人	奖项	届数	年份
128	ZL201410791618.4	采煤工作面沿空留巷支护方法	郑州煤矿机械集团股份有限公司	向家雨、刘付营、陈戈、李帅、曹必德、史朝军、李鹏	优秀奖	24	2023
129	ZL201510404587.7	适合有导井钻进竖井的掘进机	北京中煤矿山工程有限公司	刘志强、荆国业、谭昊、程守业、李恩涛、韩云龙、姜浩亮、李英全	优秀奖	24	2023
130	ZL201510657028.7	间接充水含水层突水危险性综合评价方法及系统	内蒙古上海庙矿业有限责任公司	吕玉广、齐东合、张传毅、夏宇君、杜东吉、翟建飞	优秀奖	24	2023
131	ZL201610117289.4	煤矿井下连采工作面多设备协同控制方法	中国煤炭科工集团太原研究院有限公司、山西天地煤机装备有限公司	贾运红、金江、张小刚、呼守信、唐会成、程凤霞、石博、曹建文、焦晓峰、张波、张胜达、刘浩、虞飞、高旭斌	优秀奖	24	2023
132	ZL201610602082.6	一种无级调高装置及可回转液压支架试验台	煤科(北京)检测技术有限公司	刘欣科、沈宏明、杨阳、赵岩、孙红波、赵锐、姚玉维、孙家恺	优秀奖	24	2023

附表1(续)

序号	专利号	专利名称	专利权人	发明人	奖项	届数	年份
133	ZL201610735625.1	超高压水力钻、扩、割一体化装置	中煤科工集团重庆研究院有限公司	赵旭生、张永将、孟贤正、陆占金、曹建军、徐遵玉、李成成、孙海涛、刘军、袁本庆	优秀奖	24	2023
134	ZL201811058265.1	用于连采机的柔性网可控式展开装置及连采机	中国矿业大学、山东兖煤黑豹矿业装备有限公司、浩珂科技有限公司	张农、魏群、谢正正	优秀奖	24	2023
135	ZL201811652775.1	一种矿山排土场边坡修复方法	内蒙古蒙草矿山科技有限责任公司、内蒙古蒙草生态环境(集团)股份有限公司	王君芳、刘震、闫志勇、赵瑞、王进、周裕森	优秀奖	24	2023
136	ZL202030017036.7	矿用滤尘送风式防尘口罩	沈阳煤炭科学研究所有限公司、煤科集团沈阳研究院有限公司	祝钊、陈骋、冯智鹏、白雪、刘小菊、陈露、李政、王国辉、孙娜	外观设计优秀奖	24	2023

2022 年贵州省主要煤炭企业见附表 2。

附录 2　2022 年贵州省主要煤炭企业榜单

序号	企业名称	年营业额/亿元	排名
1	贵州盘江煤电集团有限责任公司	500.2	1
2	贵州乌江能源集团有限责任公司	127.3	2
3	贵州豫能投资有限公司	38.2	3
4	贵州邦达能源开发有限公司	37.8	4
5	贵州湾田煤业集团有限公司	37.5	5
6	大西南投资集团有限责任公司	27.9	6
7	贵州贵能投资股份有限公司	27.0	7
8	贵州众一金彩黔矿业有限公司	21.9	8
9	贵州大西南矿业有限公司	20.0	9
10	贵州省朗月矿业投资有限公司	19.0	10
11	贵州紫森源集团投资有限公司	18.0	11
12	贵州久泰邦达能源开发有限公司	17.8	12

　　注:主要参考资料为贵州省企业联合会、贵州省企业家协会发布的"2022 贵州 100 强企业榜单";2022 年贵州省工商联与省企业联合会共同发布的"2022 贵州民营企业 100 强"榜单。部分煤炭企业因未参与以上 2 个榜单的评选,故未收录。

参 考 文 献

［1］陈子璇.基于专利信息分析的煤制甲醇技术发展态势研究
　　［D］.呼和浩特：内蒙古大学,2022.

［2］唐宏青.现代煤化工知识产权侵权严重［J］.中国石油和化工
　　产业观察,2020(08)：78-79.

［3］赵文.S 企业知识产权风险控制研究［D］.西安：长安大
　　学,2019.

［4］徐柳.煤化工企业知识产权管理体系的构建研究［J］.化工管
　　理,2018(7)：3-4.

［5］王昊.高质量发展理念下煤炭企业知识产权管理研究［J］.内
　　蒙古煤炭经济,2020(18)：72-73.

［6］代蒲丽.煤炭资源型区域创新环境对创新能力的影响研究
　　［D］.临汾：山西师范大学,2019.

［7］蒋珏超,王可新,王波.浅谈江苏某煤炭地质单位知识产权人
　　才队伍的问题与建议［J］.上海国土资源,2018,39（4）：
　　178-180.

［8］ 王一羲,殷召良.煤炭企业知识产权保护新思路[J].中国煤炭工业,2017(12):67-69.

［9］ 孙桂敏,董东林.构建煤炭行业知识产权培训机制探讨[J].煤炭工程,2016,48(7):146-148.

［10］ 赵新.煤炭企业知识产权管理问题及对策[J].煤炭经济研究,2015,35(6):64-67.

［11］ 孙翔.浅谈煤炭企业实施知识产权战略的意义[J].山东煤炭科技,2013(1):263-264.

［12］ 王鑫.煤炭企业知识产权成效、问题与对策[J].中国煤炭,2012,38(8):33-36.

［13］ 时均通.煤炭企业知识产权保护现状与对策[J].商品与质量,2012(S7):158.

［14］ KORND,MEYER RE.Patents for intellectual property[J].TheLancet,2000,356(9246):2015.

［15］ JANIS M D, KESANJP.Designing an optimal intellectual property system for plants:a US Supreme Court debate[J].Nature Biotechnology,2001,19:981-983.

［16］ GOGTAYN J, DALVIS S, KSHIRSAGAR NA. Pure powder and intellectual property[J].The Lancet,2001,358(9287):1103.

［17］ JANIS M D, KESANJP.Designing an optimal intellectual property system for plants:a US Supreme Court debate[J].Nature Biotechnology,2001,19:981-983.

［18］ KOOB, NOTTENBURG C,PARDEY PG.Plants and intellectual property: an international appraisal [J]. Science, 2004,306(5700):1295-1297.

[19] KAUFMANJL. Patents for intellectual property[J]. The Lancet,2000,356(9246):2016.

[20] KAUFMANJL. Patents for intellectual property[J]. The Lancet,2000,356(9246):2016.